Johannes Lichtenberg

Stoizismus

Die Philosophie der Resilienz und Gelassenheit: Wie du die Lehre
der Stoa im Alltag verwendest, gezielt deine Resilienz erhöhst,
Gelassenheit lernst und deine Emotionen kontrollierst.

Originale Erstausgabe April 2020
verlegt durch KR Publishing.

1. Auflage

Bibliografische Information der Deutschen Nationalbibliothek

Die Deutsche Nationalbibliothek verzeichnet diese Publikation in der Deutschen Nationalbibliografie,
detaillierte bibliografische Daten sind im Internet unter https://portal.dnb.de abrufbar.

Druck/ Auslieferung: Amazon oder Tochtergesellschaft
Independently published

ISBN:
978-3-948593-19-3 [ebook]
978-3-948593-20-9 [Taschenbuch]

Inhalt

Vorwort..6

Kapitel 1: Die Grundzüge des Stoizismus...7

Vokabular - Wichtige Begrifflichkeiten 7

Philosophie: Die ursprünglichen Grundprinzipien des Stoizismus 10

12 stoische Grundregeln und Prinzipien...16

Die stoischen Tugenden und Laster 20

Die stoische Antwort auf die Theodizee-Frage..22

Kapitel 2: Die Geschichte des Stoizismus - Von Zenon von Kition bis Mark Aurel......24

Kapitel 3: Vorzüge und Nutzen des Stoizismus 29

Kapitel 4: 8 Missverständnisse & Mythen 34

Kapitel 5: Selbsttest - Wie viel Stoiker steckt in dir? 38

Kapitel 6: Der Stoizismus im Vergleich...43

Stoizismus und Christentum..43

Stoizismus und Buddhismus..44

Stoizismus und Epikureismus 46

Kapitel 7: Stoizismus im alltäglichen Leben...48

Stoisch im Berufsalltag 48

Stoisch im Privatleben 51

Immer und überall: Von einer gesteigerten Resilienz profitieren...............54

Kapitel 8: Zum Stoiker werden - Aber wie?...56

Kapitel 9: Die grundlegenden Fähigkeiten und Eigenschaften der Stoiker 59

Kapitel 10: Achtsamkeit und radikale Akzeptanz...................................64

Kapitel 11: Stress erkennen, bewältigen und reduzieren 72

Häufige Stressoren - Wodurch wird Stress oft ausgelöst?........................72

Stressoren identifizieren..76

Stressoren kategorisieren 79

Unvermeidbare Stressoren entmachten 80

Worst-Case-Bewältigung - Stress aus Sorge und Angst effektiv abbauen 82

Kapitel 12: Anpassungsfähigkeit - An neue Lebensumstände anpassen **85**

Dein Lebensfluss: Den ständigen Wandel erkennen 85

Abschied nehmen und willkommen heißen 87

Kapitel 13: Dich selbst und deinen Einfluss einschätzen **92**

7 Tipps: Persönliche Eigenschaften, Stärken und Schwächen erkennen 92

Der große Unterschied: Was kannst du kontrollieren, was nicht? 98

Kapitel 14: Begehren minimieren, Genügsamkeit maximieren **101**

Kapitel 15: Selbstbeherrschung - Erlange Kontrolle über dich & deine Emotionen .. **105**

Sinn und Zweck von Emotionen 105

Gefühle kontrollieren - Geht das überhaupt? 107

5 Schritte für mehr Selbstbeherrschung 107

Kapitel 16: Gelassenheit und innere Ruhe **111**

Eigenverantwortung vs. Determinismus 111

Schlusswort **117**

Weitere Werke des Autors **118**

Weitere Werke von KR Publishing **119**

Lust auf mehr? **120**

Impressum **121**

Einst Bruder, nun Schutzengel.

*In den 16 Jahren, in denen du mich begleitet hast, hast du
mir gezeigt, wie gelassen und entspannt man
durch das Leben gehen kann.*

Danke Simon.

Vorwort

Lasse dich nicht von dem Stress des Alltags und des Lebens unterkriegen - werde selbst zum Stoiker und erwecke die unbezwingbare Gelassenheit und Ruhe in dir. Der Stoizismus ist Jahrhunderte alt und beinhaltet Lehren und Tugenden, die gerade jetzt so aktuell und wichtig sind wie noch nie. Unserer Welt ist stressig, hektisch, kompliziert und schnelllebig - wäre es da nicht wünschenswert, mehr Gelassenheit und Ruhe in das eigene Leben zu bringen?

Entdecke die philosophischen Lehren der Stoa, einfach und verständlich erklärt. Ich zeige dir in diesem Buch alles Wichtige, was du über den Stoizismus wissen musst - von der Geschichte, über die Tugenden bis zu den Grundsätzen der Stoa. Du lernst Schritt für Schritt, wie du den Stoizismus in dein Leben integrierst und dadurch gelassener, disziplinierter, ruhiger und entspannter wirst.

Du wirst den widrigsten Situationen trotzen, erfahren wie du mit Schicksalsschlägen umgehen kannst und die innere Ruhe und Gelassenheit eines Mönchs erlangen. Egal was dir im Leben passiert, egal wie gut oder schlecht deine Situation auch ist, die Lehren der Stoa werden dir ein glückliches und zufriedenes Leben bescheren. Du wirst mehr Selbstvertrauen haben, eine höhere Resilienz entwickeln und deinen Ängsten trotzen.

Kurz: Du wirst der glückliche und zufriedene Fels in der Brandung sein, den nichts und niemand aus der Fassung bringen kann.

Lass mich dir auf den nächsten Seiten die Lehren und Tugenden der Stoa näherbringen, sodass auch du zum Stoiker wirst.

Johannes Lichtenberg

Kapitel 1: Die Grundzüge des Stoizismus

 Mal ehrlich: Auf den Stoizismus angesprochen, haben vermutlich neun von zehn Menschen keinerlei Vorstellung, worum es sich dabei handelt. Haben wir es hier mit einer Religion zu tun? Oder gar mit einer Sekte? Existiert der Stoizismus heute überhaupt noch oder ist er nur ein wenig verbreiteter Mythos? Vorweg sei gesagt: Der Stoizismus existiert. Natürlich - schließlich würde dieses Buch andernfalls wenig Sinn ergeben. Alle weiteren grundlegenden Fragen werden in diesem ersten Kapitel beantwortet.

Vokabular - Wichtige Begrifflichkeiten

Hier findest du Begriffe, die im Laufe des Buches verwendet werden und deren Bedeutung du daher kennen solltest. Wenn du auf ein Wort stößt, dessen Bedeutung dir unklar ist, kannst du einfach hierhin zurückkehren und nachsehen.

✓ Aether

Der Begriff Aether entstammt der griechischen Mythologie und soll den "oberen Himmel" personifizieren. Oftmals wird auch die Schreibweise Aither genutzt. Stoiker setzen das Synonym Urfeuer ein. Der Aether beherbergt das Licht und die Götter.

✓ Autosuggestion

Eine Autosuggestion ist eine Selbsteinredung, die die Steuerung des eigenen Verhaltens durch ein Verinnerlichen bestimmter Botschaften möglich machen soll.

✓ Axiom

Als Axiom wird ein Grundsatz bezeichnet, der als Wahrheit anerkannt wird und nicht weiter bewiesen werden muss.

✓ Determinismus/Determinist

Der Determinismus ist die Lehre von der Vorbestimmtheit der Geschehnisse. Demnach steht alles, was geschieht, in einem kausalen Zusammenhang. Wer diese Auffassung vertritt, ist ein Determinist.

✓ Epikureer

Anhänger der Lehren Epikurs werden Epikureer genannt.

✓ Hellenismus

Der Hellenismus ist eine Epoche der griechischen Geschichte, die sich von etwa 336 v. Chr. bis 30 v. Chr. erstreckt.

✓ Hyle

Hyle ist das griechische Wort für Materie oder Stoff.

✓ Kriterium

In der Philosophie ist ein Kriterium ein Hilfsmittel in Form einer Methode, mit der eine Aussage auf ihre Wahrheit hin überprüft werden kann.

✓ Logos

Logos ist griechisch und bedeutet Vernunft. Im Stoizismus steht der Logos synonym für die göttliche Macht und die Vernunft, die alles Existierende durchströmt und den Lauf der Dinge bestimmt.

✓ Stoa

Der Gründer des Stoizismus, Zenon von Kition, begann im Jahre 300 v. Chr. in einem philosophischen Lehrgebäude damit, den Stoizismus zu erläutern. Dieses geschichtsträchtige Gebäude war architektonisch dem Stil der Säulenhallen - Stoa - zuzuordnen. Die stoischen Lehren werden daher als Stoa bezeichnet.

✓ Stoiker

Menschen, die ihr Leben nach den Lehren der Stoa gestalten, werden Stoiker genannt.

✓ Stoisch

Was stoisch ist, bezieht sich auf den Stoizismus.

✓ Visualisierung

Die Visualisierung ist eine bestimmte Technik, bei der es darum geht, sich etwas bildlich vor Augen zu halten. Sie wird beispielsweise eingesetzt, um Ziele zu verinnerlichen und Motivation zu schöpfen.

Auf den Punkt gebracht:
Stoizismus kurz erklärt

Im Kern ist der Stoizismus eine Lebensphilosophie und demnach nicht mit einer Religion gleichzusetzen - auch wenn dies fälschlicherweise häufig getan wird. Es handelt sich um eine griechische Philosophie, die über viele Jahrhunderte hinweg gelehrt wurde und sich dabei in ihren Details immer wieder verändert hat, während die Grundzüge bestehen blieben.

Philosophie: Die ursprünglichen Grundprinzipien des Stoizismus

In der griechischen Antike war es üblich, Philosophien in einer dreiteiligen Struktur zu entwickeln und zu lehren. Auch auf den Stoizismus wurde diese Herangehensweise angewandt. Die drei Teilbereiche - Logik, Physik und Ethik - sind per se nicht separat zu betrachten, sondern stehen in einer starken Verbindung zueinander. Sehen wir uns also an, was der Stoizismus in diesen drei zentralen philosophischen Bereichen zu sagen hat.

Logik

Stoiker weisen der *Logik* zwei Bedeutungen zu, die sich vom heute üblichen Begriff der Logik unterscheiden. Logik steht hier für Sprache und Vernunft. Die diesbezüglichen Inhalte lassen sich wiederum in drei einzelne Bereiche unterteilen:

I. Erkenntnis

Die Erkenntnislehre der Stoiker befasst sich damit, wie genau wesentliche philosophische Erkenntnisse überhaupt gewonnen werden und wann sie als wahr bezeichnet werden können. Dabei lassen sich folgende Kernaussagen herausarbeiten:

- ▸ Sinneseindrücke und deren Bewertung - also die schlichte menschliche Wahrnehmung - genügen nicht, um eine Erkenntnis zu formulieren.

- ▸ Wahr ist nur, was methodisch einwandfrei anhand von Kriterien geprüft wurde und sich logisch nachvollziehen lässt.

- ▸ Menschen, die sich von ihren Emotionen und Instinkten leiten lassen, sind nicht in der Lage, die Wahrheit zu erkennen.

▸ Die Grundvoraussetzung dafür, etwas Wahres zu erfassen, ist die Selbstbeherrschung.

II. Dialektik

Die stoische Dialektik bezieht sich selbstverständlich auf die Sprache und deren Verwendung zur Formulierung relevanter, aussagekräftiger philosophischer Erkenntnisse. Folgende zentrale Annahmen lassen sich hier nennen:

▸ Die Stimme ist eine Erschütterung der Luft und führt zu akustisch wahrnehmbaren Lauten.

▸ Tiere nutzen ihre Stimme aufgrund ihres Triebs, Menschen aufgrund ihres Verstands.

▸ Stimmliche Äußerungen werden in bloße Geräusche ohne Bedeutung oder Aussage, artikulierte Laute und sinnvolle Lautgebilde unterschieden.

▸ Artikulierte Laute können eine Bedeutung haben, sinnvolle Lautgebilde haben immer eine Bedeutung.

▸ Sinnvolle Lautgebilde bestehen oft aus Eigennamen, Verben, Artikeln, Konjunktionen und Substantiven.

▸ Gedanken können wenig strukturiert aufgebaut sein, aber dennoch eine Bedeutung haben. Sie existieren allerdings lediglich im Verstand des Menschen, sind nichtkörperlich und müssen nicht vollständig sein.

▸ Einfache und verbundene Axiome bilden Zusammenhänge des logischen Schlusses.

III. Rhetorik

Die Rhetorik bezieht sich nicht mehr auf die Wahrheit der Aussage, sondern darauf, wie diese möglichst überzeugend übermittelt werden kann. Zu diesem Zweck werden Sprachtempo, Lautstärke und Melodik, aber auch Gestik und Mimik jeweils zur Unterstreichung der Aussage eingesetzt.

Physik

Werfen wir einen Blick auf die wichtigsten Aspekte der stoischen Physik, die das stoische Weltbild definiert:

▸ Alles, was ist, ist aus dem Aether entstanden.

▸ Hyle ist durch Logos beseelt. Die Welt wird von der Vernunft bestimmt. Die Vernunft durchdringt den gesamten Kosmos.

▸ Logos gestaltet Hyle. Der Tätige - die Vernunft - wirkt auf den Leidenden - die Materie - ein.

▸ Jeder Körper besitzt eine Seele. Die Seele - in diesem Fall Logos - durchströmt jede Faser des Körpers - hier Hyle. Körper und Seele vermischen sich, behalten aber dennoch ihre jeweils separate Existenz.

▸ Logos und Hyle bilden gemeinsam den Urkörper, der unvergänglich ist - den Aether, das Urfeuer.

▸ Aus dem Aether - dem Feuer - entsteht die Luft, die Luft formt sich zum Teil in Wasser um und das Wasser wir teilweise zu Erde.

▸ Werden die vier Elemente vermischt, können Pflanzen, Tiere und Gegenstände daraus gebildet werden.

▸ Die Kausalität alles Geschehenden ist lückenlos und ohne Zweifel gegeben. Alles, was geschieht, hängt miteinander zusammen. Ist kein Zusammenhang ersichtlich, versagt lediglich die menschliche Fähigkeit, diesen zu erkennen.

▸ Es gibt ein Schicksal, dem die Menschheit unterworfen ist. Wer sich scheinbar aktiv gegen sein Schicksal stellt, für den ist genau dies vorgesehen.

▸ Das Schicksal ist nicht irrational und willkürlich, sondern gleichzusetzen mit der Vernunft.

▸ Die Welt und ihre Komponenten zielen stets auf Harmonie ab.

▸ Gott ist die Götter, die Götter sind Gott und Gott und Götter sind die Vernunft.

Ethik

Die Ethik nimmt mit Abstand den weitläufigsten Platz in der ursprünglichen stoischen Lehre ein. Sie setzt sich aus sieben Bereichen zusammen, denen wir uns nun nähern:

I. Der Selbsterhaltungsantrieb

Jedes Tier und jeder Mensch ist laut stoischer Ansicht ganz vordergründig bestrebt, sich selbst zu erhalten, und empfindet eine gewisse Zuneigung für die eigene Person und die eigene Spezies. Was die Selbsterhaltung gefährdet, wird abgelehnt, was sie unterstützt, wird angenommen. Der Drang zur Selbsterhaltung ist absolut von der Natur gegeben und geht über das Individuum hinaus. Sprich: Der Mensch strebt nicht nur danach, sich selbst als Einzelperson zu erhalten, sondern möchte das Fortbestehen der gesamten menschlichen Gemeinschaft sichern. Tiere sind hingegen mit weniger Gemeinschaftssinn ausgestattet und stellen ihr jeweils einzelnes Überleben eher über das Überleben der Gemeinschaft.

II. Der Naturbegriff

Natur ist Gott und Gott ist wertvoll, also ist die Natur von hohem Wert. Die Natur ist stufenförmig aufgebaut und steigert sich Stufe für Stufe. Jede höhere Stufe beinhaltet dabei sämtliche niedrigeren Stufen. Trieb (niedrige Stufe) und Vernunft (höhere Stufe) schließen sich nicht gegenseitig aus. Vernunftbegabte Wesen, also Menschen, sind nicht frei von Trieben. Handelt ein Mensch nach seinen Trieben, dann nur, weil seine Vernunft ihm dies gestattet. Dabei kann die Vernunft, die im Individuellen nicht unfehlbar ist, den Trieb durchaus in eine falsche Richtung lenken, die in ihrem Maximum sogar den Selbsterhaltungsantrieb aushebeln kann. Der Trieb setzt sich niemals gegen die Vernunft durch, die Vernunft kann den Trieb aber als angemessen beurteilen und somit unterstützen.

III. Das Lebensziel

Die Stoa definiert das Ziel der menschlichen Lebensführung darin, das Leben im Einklang mit der Vernunft und somit in Harmonie mit der Natur zu führen. Die menschliche Natur ist vernunftgeprägt und dem zu folgen als Lebensziel anzusehen.

IV. Die Werte

Stoiker unterscheiden klar zwischen Gutem und Schlechtem. Gutes ist ethisch zu 100 % vertretbar und führt immer zum Glück, Schlechtes ist ethisch verwerflich und führt unweigerlich zum Unglück. Dazwischen existieren die sogenannten Adiaphora, die weder gut noch schlecht sind. Sie sind nicht von Nutzen, bringen aber auch keinen Schaden mit sich. Ethisch korrektes Leben führt unweigerlich zur Glückseligkeit. Und zwar ganz unabhängig von äußeren, nicht beeinflussbaren Faktoren. Demnach zählen Reichtum und Gesundheit beispielsweise zu den Adiaphora und stellen keine Voraussetzung für das Glück dar. Den höchsten Wert besitzt die Tugend, den niedrigsten die Untugend.

V. Die Pflichtenlehre

Pflichten sind Handlungen, die im Einklang mit Vernunft und Natur unternommen werden. Ihnen stehen Fehlhandlungen gegenüber, die der Ethik widersprechen und weder Vernunft noch Natur zuträglich sind. Dazwischen befinden sich, ähnlich der Adiaphora, Handlungen, die den Anforderungen der Vernunft weder zuträglich noch schädlich sind (mittlere Handlungen). Nur weise Menschen, die Wahres erkennen, können Pflichten erfüllen. Die mittleren Handlungen können hingegen von jedem ausgeführt werden. Über die Qualität einer Handlung entscheidet letztendlich aber nicht allein ihre Art. Es kommt auf das dahinterstehende Interesse, die Absicht und den Antrieb zur Handlung an.

VI. Die Affektenlehre

Affektive Handlungen sind im stoischen Sinne Handlungen, die nicht vernunftgesteuert sind, sondern beispielsweise von Gefühlen geleitet werden. Stoiker sprechen hier von irrationaler Vernunft. Der Handelnde hat den Eindruck, vernünftig zu handeln, tut es aber nicht wirklich. Er handelt im fehlgeleiteten Affekt und der Logos ist nicht in der Lage, die affektive Handlung zu unterbinden. Stoiker verfolgen das Ziel, vollkommen frei von Affekten zu leben. Nur so kann sichergestellt werden, dass die Vernunft stets die Leitung für die Handlungen übernimmt. Das bedeutet nicht, dass Affekte nicht mehr existieren sollen. Die Vernunft sollte jedoch in der Lage dazu sein, die Affekte zu bändigen und in die richtigen Bahnen zu lenken.

VII. Die Sozialethik

Der Stoizismus setzt voraus, dass die menschliche Natur eine Vertrautheit und Zuneigung unter allen Angehörigen der Spezies beinhaltet. Der Trieb der Fortpflanzung entspricht der Vernunft, schließlich will die menschliche Spezies im Sinne der Selbsterhaltung fortbestehen. Instinktiv lieben Eltern ihre Kinder, ihre eigenen Eltern, ihre Geschwister und ähnlich nahe Verwandte. Jeder Mensch ist von mehreren Kreisen umgeben. Seine Vernunft steht im Zentrum, darüber stülpt sich der Körper und um ihn reiht sich der Kreis der nächsten Angehörigen, also der Eltern und Kinder, gefolgt von einem Kreis aus Großeltern, Onkeln und Tanten, einem Kreis aus Cousinen und Schwägern und schließlich dem Bekanntenkreis. Der äußerste Kreis fasst die gesamte Menschheit. Die Sozialethik der Stoa sieht ein Zusammenrücken aller Kreise vor. Das Ziel ist es, die Zuneigung von sich selbst stetig auf weitere Personen und Kreise auszuweiten, sodass sich die Distanz verringert. Hier schließt sich das Bild: Im Kosmos ist alles miteinander verbunden, alles hängt zusammen - genauso, wie der einzelne Mensch untrennbar mit seinen nahen Angehörigen, den entfernteren Verwandten und der gesamten menschlichen Spezies verbunden ist.

––––––––––

Zugegeben: Das klingt alles recht abstrakt und ist schwer greifbar. Dennoch kann nicht auf diese philosophischen Grundlagen des Stoizismus verzichtet werden. Schließlich sollst du ein umfassendes Bild bekommen, das weit über einen oberflächlichen Einblick hinausgeht. Aber keine Sorge - den "trockensten" Teil dieses Buches hast du hinter dir.

12 stoische Grundregeln und Prinzipien

Wahrscheinlich hast du bislang noch keine wirkliche Vorstellung, worum es Stoikern geht und wovon sie ausgehen. Deshalb verabschieden wir uns an dieser Stelle von den Regeln der allgemeinen Philosophie und reden Klartext. Wir betrachten einige zentrale Grundregeln und Prinzipien, die den Stoizismus auszeichnen:

✳ *Alles im Kosmos besteht aus den vier Elementen*

Im Kosmos existiert nichts, was sich nicht aus den vier Elementen zusammensetzt. Alles besteht letztendlich aus Feuer, Luft, Wasser und Erde. Gegenstände, wie auch Lebewesen, sind aus diesen Elementen geschaffen.

✳ Alles ist dem Werden und Vergehen unterworfen

Der Kosmos beinhaltet den stetigen Kreislauf aus Werden und Vergehen. Was sich aus den Elementen zusammensetzt und so entsteht, zerfällt letztendlich wieder in seine Bestandteile und vergeht. Nichts ist für die Ewigkeit bestimmt und es ist unumstößlich, dass das Vergehen auf das Werden folgt.

✳ Der Logos sorgt für Vorgänge der Vernunft

Allgegenwärtig und unendlich ist dagegen der Logos, also die Vernunft, die göttliche Weisheit oder die Macht der Götter. Er durchdringt den gesamten Kosmos und alles, was darin existiert. Er sorgt dafür, dass sämtliche Vorgänge, also alles was geschieht, im Sinne der Vernunft zweckdienlich ist. Aus diesem Grund tragen alle Geschehnisse zum Allgemeinwohl des Kosmos und der Existenzen darin bei.

✳ Es gibt keinen Zufall

Stoiker sind überzeugte Deterministen. Was geschieht, muss geschehen, denn es ist vorbestimmt. Der Logos folgt einem akribischen Plan, der nicht verändert werden kann. Nichts geschieht aus Zufall, alles läuft planmäßig ab und passiert, weil der Logos es so bestimmt.

✳ Der Mensch ist nicht (wirklich) frei

Daraus folgt, dass der Mensch keine wirkliche (Handlungs-) Freiheit besitzt. Was er tut und was ihm widerfährt, ist vorbestimmt und kein Resultat aus seinen eigenen Entscheidungen. Jede Entscheidung, die der Mensch trifft, ist im Sinne des Logos. Die einzige Entscheidung, die dem Menschen mehr oder weniger frei zu wählen bleibt, ist, sich dem Logos zu unterwerfen und zu akzeptieren, dass passiert, was passieren muss.

∗ Du bist ein Weltenbürger

Im Endeffekt sind wir alle Weltenbürger, Bürger des Kosmos. Jeder von uns ist ein winziges Teilchen, ein filigranes Zahnrädchen im großen Organismus des Kosmos. Du bist Bewohner deiner Straße, Bürger deiner Stadt und deines Landes, bedeutend ist aber hauptsächlich, dass du ein Bürger der gesamten Welt bist. Alle Existenzen sind auf diese Weise miteinander verbunden und lassen sich nicht in einzelne Individuen aufteilen. Stoiker kennen daher keinen Nationalismus.

∗ Der Verstand kann den Emotionen jederzeit überlegen sein

Wer das Weltgeschehen, die Funktionsweise des Kosmos versteht, ist jederzeit in der Lage, emotionsunabhängig und vernunftgetrieben zu agieren. Aus stoischer Sicht sind Emotionen zwar sehr wohl existent, sie können aber immer und ausnahmslos von der Vernunft gesteuert und quasi ganz bewusst ignoriert werden. Sie sind nicht von Bedeutung, weshalb ihnen keine Bedeutung zugemessen werden sollte. Im Gegenteil: Sie können den Seelenfrieden stören und sind daher kleinzuhalten. Ihnen sollte gleichgültig begegnet werden.

∗ Dinge erlangen ihren Wert durch die Bewertung

Alles existierende, das außerhalb der eigenen Persönlichkeit liegt, besitzt per se keinen Wert. Ein Goldbarren, ein duftendes Gericht, ein hübsches Kleid oder ein schickes Auto - das alles ist wertlos. Es erlangt erst dann seinen Wert, wenn es von der Seele selbst bewertet wird. Ein schmackhaftes Abendessen, das direkt neben dir steht, ist nur dann begehrenswert, wenn du selbst zulässt, es zu begehren, und Reichtum ist nur für den von Wert, der ihm Wert beimisst. Besitztümer tragen nichts zum Glück bei. Sie befriedigen lediglich eine Begierde, die gar nicht vorhanden sein müsste.

* *Auf manches hast du Einfluss, anderes entzieht sich deiner Kontrolle*

Es gibt Dinge, die du direkt beeinflussen kannst. Dazu gehören zum Beispiel deine eigenen Emotionen und Gedanken. Der Logos erlaubt dir, Kleinigkeiten selbst zu gestalten, sofern diese nicht von Bedeutung für das Gesamtwohl sind. Der Großteil der wirklich wichtigen, einschneidenden Dinge liegt jedoch außerhalb deiner Kontrolle. Stoiker sind daher stets bestrebt, zu erkennen, was sie beeinflussen können und was eben nicht. Ein nettes Beispiel aus der aktuellen Zeit stellt diesbezüglich ein Teil des Gelassenheitsgebetes dar, das unter anderem von den Anonymen Alkoholikern verwendet wird:

> *"Gott, gib mir die Gelassenheit, Dinge hinzunehmen, die ich nicht ändern kann, den Mut, Dinge zu ändern, die ich ändern kann, und die Weisheit, das eine vom anderen zu unterscheiden."*

* *Es gibt kein Leben nach dem Tod*

So hart das vielleicht klingen mag: Der Stoizismus sieht kein Leben nach dem Tod vor. Erinnere dich daran, dass alles im Kosmos wird und vergeht. Dies lässt sich keinesfalls mit einem Leben über den Tod hinaus vereinbaren. Der Tod führt dazu, dass das Existierende in seine Bestandteile - die einzelnen Elemente - zerfällt. Der Tod ist nicht schrecklich oder traurig, sondern ein ganz selbstverständlicher Teil der Ordnung, die der Logos für den Kosmos bestimmt.

* *Glück ist kein Ziel, sondern ein Nebeneffekt*

Wer das Glück anstrebt, wird es nicht erhalten. Glück ist für Stoiker kein konkretes Ziel. Es ist vielmehr ein Nebeneffekt, der auftritt, wenn man in Harmonie mit dem Logos lebt.

Apatheia und Ataraxia sind quasi das Allerheiligste der Stoiker. Apatheia ist die Unempfindlichkeit und die Leidenschaftslosigkeit. Wer diesen Gemütszustand erreicht, lässt sich nicht von äußeren Einflüssen lenken, besitzt ein stabil zufriedenes Wesen und ist auf dem besten Weg zur Ataraxia. Diese beschreibt wiederum die absolute Seelenruhe. Einen Zustand des Innersten, der mit höchster Zufriedenheit einhergeht.

Die stoischen Tugenden und Laster

Das wichtigste und wertvollste, das ein Stoiker kennt, ist die Tugend. Das Erfüllen der Tugenden führt unweigerlich zur Zufriedenheit und hat daher oberste Priorität. Dem stehen Laster entgegen, die den Tugenden widersprechen und direkt ins Unglück führen.

Klugheit vs. Dummheit

Klugheit hat in der Stoa nichts mit dem IQ, den Schulnoten oder dem beruflichen Posten zu tun. Wer klug ist, schafft es schlicht und ergreifend, das Gute vom Schlechten und Gutes und Schlechtes von Neutralem zu unterscheiden. Gut ist dabei alles, was dem Logos entspricht und zum Gemeinwohl beiträgt. Schlecht ist, was auch immer dem entgegenwirkt. Die Unfähigkeit, diese wichtige Unterscheidung treffen zu können, entspricht dem Laster der Dummheit.

Großmut vs. Neid und überflüssige Anteilnahme

Großmut bedeutet hier, erhaben über die Geschehnisse, die anderen Menschen widerfahren, zu sein. Es heißt, dem Nachbarn seinen Lotteriegewinn nicht zu missgönnen und auch nicht aufgrund seiner Krebsdiagnose zu trauern. Es bedeutet, nicht unnötig Anteil zu nehmen, sondern nur wahrzunehmen und zu akzeptieren.

Selbstbeherrschung vs. Maß- und Hemmungslosigkeit

Wer seinen Emotionen nachgibt, verhält sich schnell hemmungslos und verliert den Bezug zu dem, was wirklich wichtig ist. Die Selbstbeherrschung, also das absolut vernunftgesteuerte und emotionslose Handeln, ist eine der zentralen Tugenden der Stoa.

Standhaftigkeit vs. Schwäche

Die Tugend der Standhaftigkeit kann nur erfüllen, wer über die Klugheit verfügt. Wer standhaft ist, hält am Guten fest und meidet das Schlechte. Im Umkehrschluss macht sich der, der dem Schlechten Raum gibt oder gar folgt, dem Laster der Schwäche schuldig. Dabei kann man zugleich klug und schwach sein. Man kann das Gute prinzipiell erkennen und sich dennoch am Schlechten orientieren.

Scharfsinn vs. Gedankenlosigkeit und Stumpfsinn

Klugheit alleine reicht nicht aus, um den Kosmos zu verstehen. Es braucht einen gewissen Scharfsinn. Wer sich keine Gedanken macht und nicht nach Erkenntnis strebt, verhält sich nicht tugendhaft und macht sich der Gedankenlosigkeit schuldig.

Urteilskraft vs. Urteilsunfähigkeit

Verfügt man über Urteilskraft, ist man in der Lage, sein eigenes Verhalten einzuordnen und an den Tugenden auszurichten. Wer dagegen urteilsunfähig ist, hat keine Möglichkeit, die Tugenden zu befolgen. Urteilskraft ist in diesem Sinne mit Selbstreflexion gleichzusetzen. Ein Unwille, sich mit dem eigenen Handeln auseinanderzusetzen und es zu optimieren, steht synonym für Urteilsunfähigkeit.

Die stoische Antwort auf die Theodizee-Frage

Wie du weißt, ist der Stoizismus keine Religion, sondern eine Philosophie. Dennoch stellt sich auch hier die Theodizee-Frage. Du fragst dich, was das ist? Ganz einfach: Es ist die Frage danach, wie sich das Unheil oder das Schlechte in der Welt mit Gott oder dem Logos vereinbaren lässt. Wenn der Logos existiert und alles bestimmt, warum gibt es dann überhaupt Schlechtes? Um diese Frage beantworten zu können, müssen wir eine Unterscheidung treffen:

(1) Unglück durch die Natur

Hungersnöte, Fluten und zerstörerische Stürme gehören zu den Ereignissen, auf die der Mensch keinen Einfluss hat. Sie gehen von der Natur aus und entziehen sich der menschlichen Kontrolle vollständig. Stoiker nehmen an, dass sie im Endeffekt Gutes bewirken. Sie sind notwendig, um das Gesamtwohl auf lange Sicht zu sichern. Es ist lediglich der unzulänglichen Fähigkeit des Menschen geschuldet, das große Ganze zu sehen und die Absicht des Logos zu begreifen, dass solche Geschehnisse als durch und durch schlecht bewertet werden.

(2) Böses durch den Menschen

Menschen, die Böses tun, tun dies stets aus Unwissenheit. Sie sind nicht zu hassen, sondern sogar eher zu lieben und zu unterstützen. Das Böse, das von dem Menschen ausgeht, kann das Wohl des einzelnen Betroffenen nur einschränken, wenn dieser es zulässt. Dem sind keine Grenzen gesetzt. Selbst ein Mordopfer nimmt nur Schaden durch den Mord, wenn er am Leben festhält und sich gegen das Werden und Vergehen wehrt. Menschen, die böse handeln, fügen sich selbst immer den größten Schaden zu. Sie machen sich zu untugendhaften Existenzen und werden ernten, was sie gesät haben.

Das Wichtigste in Kürze

✓ Der Stoizismus ist keine Religion, sondern eine Lebensphilosophie griechischen Ursprungs.

✓ Die grundlegende Lehre der Stoa lässt sich nach den philosophischen Grundsätzen der damaligen Zeit in Logik, Physik und Ethik unterteilen und wiedergeben.

✓ Hyle ist durch Logos beseelt. Alles Existierende ist von der Vernunft durchströmt.

✓ Stoiker sind Deterministen. Sie glauben, dass alles vorherbestimmt ist, und zwar durch den Logos. Alles, was passiert, trägt letztendlich zu der Zufriedenheit des Gesamten bei.

✓ Stoiker glauben nicht an ein Leben nach dem Tod, sondern an die Unabdingbarkeit des Werdens und Vergehens. Alles, was im Kosmos existiert, ist geworden und wird vergehen.

✓ Es gibt sechs stoische Tugenden, die über Glück oder Unglück entscheiden. Ihre Gegensätze stellen Laster dar.

✓ Die Stoa kennt eine Antwort auf die Theodizee-Frage und unterscheidet dabei - wie üblich - zwischen "Unheil" durch den Menschen und "Schlechtem" unabhängig vom Menschen.

Kapitel 2: Die Geschichte des Stoizismus - Von Zenon von Kition bis Mark Aurel

Nachdem du nun über den Stoizismus in seinen Grundzügen informiert bist, ist es an der Zeit, dass wir uns die stoische Geschichte genauer ansehen. Dieses Kapitel befasst sich mit dem Ursprung und der Entwicklung des Stoizismus und stellt dabei die wichtigsten Persönlichkeiten vor, die diesen Weg geprägt haben.

Die Gründung der Stoa: Zenon von Kition

Wie bereits erwähnt, war es Zenon von Kition, der den Stoizismus ins Leben rief. Als Sohn eines wohlhabenden Kaufmanns wurde Zenon vermutlich im Jahre 333 v. Chr. in Zypern geboren. Um 312 v. Chr. kam er nach Athen, um unter anderem von den Philosophen Krates von Theben und Diodoros Kronos zu lernen. Er widmete sich elf Jahre lang dem philosophischen Studium, bevor er schließlich selbst als Lehrer tätig wurde. Während seines Wirkens, kristallisierte sich zunehmend eine ganz eigene Philosophie heraus - der Stoizismus war geboren. Zenons Lehren sind jedoch leider nur extrem lückenhaft überliefert. Es wird angenommen, dass die Affektlosigkeit - Apatheia - und die grundlegende Vernunft des Menschen die Basis seines "alten" Stoizismus bilden. Er soll außerdem die Ansicht vertreten haben, dass der Mensch grundsätzlich vollkommen herrschaftslos zu leben vermag. Daher wird Zenon von Kition oftmals als einer der frühesten Verfechter der Anarchie genannt. 260 v. Chr. entschied sich der angesehene Philosoph für den Freitod, der unter Stoikern keinesfalls als Sünde gilt, sondern unter Umständen sogar als überaus weise eingestuft werden kann. Ist kein Leben im Einklang mit dem Logos mehr möglich, stellt der Selbstmord eine valide Option dar.

Zenons Nachfolger: Kleanthes übernimmt

Sein Wissen gab Zenon von Kition unter anderem an Kleanthes weiter, der die stoische Schule nach dessen Ableben übernahm. Vor seiner Lehrtätigkeit hielt er sich mit Hilfsjobs über Wasser und verdiente seinen Lebensunterhalt unter anderem als Hilfskraft bei Gärtnern und Bäckern. Auch er ist der älteren, ganz ursprünglichen Stoa zuzuordnen und gilt bis heute als erste Quelle für die stoischen Tugenden. Er soll circa 232 v. Chr. verstorben sein, weil er sich jeglicher Nahrungsaufnahme verweigerte.

Chrysippos von Soloi und seine Schüler

Kleanthes übergab den Lehrstuhl an seinen langjährigen Schüler Chrysippos von Soloi. Er war es, der die Stoa nach geltenden philosophischen Regeln strukturierte und die stoische Logik, Physik und Ethik ausformulierte. Den holprigen Einstieg in die Lehren der Stoa haben wir also ihm zu verdanken. Der Überlieferung zufolge starb Soloi etwa 208 v. Chr. in Athen. Zuvor gab er sein Wissen an Zenon von Tarsos und Diogenes von Babylon weiter, die zu den letzten Lehrern der älteren Stoa gehören.

Panaitios von Rhodos läutet die mittlere Stoa ein

Panaitios von Rhodos war ein begabter Student von Diogenes von Babylon und übernahm die Leitung der stoischen Schule an siebter Stelle. Er gilt heute als Gründer der mittleren Stoa und ergänzte die Inhalte der älteren Stoa hauptsächlich durch die Pflichtenlehre. Er ist dem späten Hellenismus zuzuordnen und verstarb circa 110 v. Chr. auf Rhodos. Zu den genauen Umständen seines Todes ist nichts bekannt.

Lucius Annaeus Seneca und die jüngere Stoa

Seneca ist ein Name, der aus der stoischen Geschichte nicht wegzudenken ist. Er war sowohl als Politiker, beispielsweise als Berater des Kaisers Nero, und Naturforscher als auch als Philosoph tätig und wird als Begründer der jüngeren Stoa angesehen. Seneca ließ sich auf abweichende Philosophien ein, versuchte diese mit dem damaligen Stoizismus in Einklang zu bringen, blieb den Wurzeln der Stoa aber stets treu. Er wird oft mit der gewissen Härte des Stoizismus in Verbindung gebracht, formulierte er doch ganz eindeutig, dass das stoische Leben nicht angenehm, sondern zweckdienlich im Sinne der kosmischen Ordnung sein müsse. Er festigte und überarbeitete die stoischen Tugenden und setzte sich hauptsächlich mit der Ethik des Stoizismus auseinander. Er betonte stets, dass der gesellschaftliche Stand, in den man hineingeboren wird, keine Bedeutung besitzt. Die geistigen Bestreben dagegen, sind laut Seneca das höchste Gut, das dem Menschen zuteil wird. Er vertrat die Auffassung, dass gute Menschen unter sich stets absolut friedlich leben können und der effektlose Einfluss böser Handlungen von außen absolut unbedeutend ist.

Epiktet - Vom Sklaven zum Lehrer

Um etwa 50 n. Chr. erblickte Epiktet das Licht der Welt. In ärmliche Verhältnisse und in die Sklavenhaltung hineingeboren, startete er unter wirklich schlechten Bedingungen in das Leben. Im Zuge des Sklavenhandels gelangte er schließlich nach Rom, wo er den Stoizismus kennenlernte und nach seiner Freilassung schließlich selbst zum angesehenen Lehrer wurde. Auch wenn er keinerlei Schriften verfasste, sondern lediglich mündlich lehrte, ist sein Einfluss auf die Stoa unverkennbar. Er machte die gegenseitige Menschenliebe, die zum Gemeinwohl beiträgt, zu einem wichtigen Begriff, orientierte sich jedoch grundlegend an den Inhalten der Vertreter der mittleren und älteren Stoa. Insbesondere widmete er sich der Sittlichkeit und erweiterte die stoische Ethik um einige Punkte.

Kaiser Mark Aurel - Der letzte bedeutende Stoiker

Als letzter relevanter Vertreter der jüngeren Stoa beendet Mark Aurel unseren Ausflug durch die Geschichte des Stoizismus. Von 161 bis 180 bekleidete er das Amt des römischen Kaisers und setzte sich für die Besserstellung von Sklaven und Frauen ein. Schon früh kam er in Kontakt mit den stoischen Lehren, die er bereits im Alter von zwölf Jahren verinnerlicht hatte. Er übte sich in Affektlosigkeit und Zufriedenheit, indem er auf einem Bretterboden schlief und sich jeglicher Begehren widersagte. Sein Tod im Jahr 180 beendete nicht nur seine Kaiserschaft, sondern auch die Reihe an berühmten Stoikern, die nach philosophischer Tradition lehrten.

Stoizismus heute

Nun kann man sich natürlich fragen, welche Rolle der Stoizismus heutzutage spielt. Leider liegen keinerlei relevante Daten dazu vor, wie viele Menschen sich nach den stoischen Lehren richten und ihr Leben im Sinne der Stoa führen. Klar ist aber, dass der Stoizismus keinesfalls in Vergessenheit geraten ist. Im Gegenteil: Über die letzten Jahre hinweg kann ein Trend hin zu mehr Interesse an der stoischen Lebensweise beobachtet werden. Dies ist sicherlich teils auf die Digitalisierung und die damit einhergehende Beschleunigung des gesellschaftlichen Lebens zurückzuführen. Außerdem stellen immer mehr Menschen fest, dass das zentrale Versprechen des Kapitalismus - zumindest für sie persönlich - einer Lüge entspricht. Sie bemerken, dass ihre Besitztümer sie nicht glücklich machen, und suchen nach einem minimalistischeren Ansatz, den die Stoa eindeutig zu bieten hat. Zusätzlich dürfte auch der abnehmende Einfluss von Religionen dazu beitragen, dass der Stoizismus an Bedeutung gewinnt. Zumindest in der westlichen Welt kehren immer mehr Menschen ihren Kirchen den Rücken und öffnen dadurch Räume für Philosophien. Du siehst: Es gibt verschieden Gründe, aus denen sich Menschen dem Stoizismus zuwenden. Für den überzeugten Stoiker gibt es aber eigentlich nur einen einzigen relevanten Grund: die Vorsehung des Logos.

Das Wichtigste in Kürze

✓ Der Stoizismus fand seinen Ursprung um 300 v. Chr. durch Zenon von Kition. Der anarchistisch eingestellte Philosoph gilt als Gründer der Stoa.

✓ Kleanthes und Chrysippos von Soloi führten den Stoizismus durch die folgenden Generationen.

✓ Panaitios von Rhodos ist der berühmteste Vertreter der mittleren Stoa.

✓ Schließlich läutete Lucius Annaeus Seneca die jüngere Stoa ein. Sein Wirken wurde von Epiktet fortgeführt.

✓ Der letzte bedeutende historische Stoiker ist Marl Aurel, der auch als Berater des Kaisers Nero tätig war.

✓ Heute ist zu beobachten, dass sich das Interesse der Menschen zunehmend dem Stoizismus zuwendet. Dies ist mit Sicherheit unter anderem dem "fehlgeschlagenen" Kapitalismus und der Schnelllebigkeit, die durch die Digitalisierung vervielfacht wird, geschuldet.

Kapitel 3: Vorzüge und Nutzen des Stoizismus

Du bist noch nicht überzeugt vom Stoizismus? Du suchst nach Argumenten, die dich dazu motivieren, die Lehren der Stoa in dein Leben zu integrieren? Dann bietet dieses Kapitel genau das, was du brauchst. Vorhang auf für die Vorzüge und den Nutzen des Stoizismus:

Nach wie vor relevant

Zeitlich gesehen ist der Stoizismus nicht nur von gestern, sondern mindestens von vorgestern. Oder vielleicht sogar von letzter Woche. Es handelt sich um eine sehr alte Philosophie, weshalb der Schluss naheliegt, dass sie mittlerweile an Relevanz eingebüßt hat. Erstaunlicherweise ist das aber nicht der Fall. Gerade in unserer heutigen, schnelllebigen Zeit, die vielen Menschen ein starkes Gefühl der Unsicherheit vermittelt, kann der Stoizismus als Anker dienen und das Leben bereichern. Er beinhaltet Antworten auf wichtige Fragen, wie zum Beispiel die Theodizee, und gibt zugleich praktisch umsetzbare Impulse für ein zufriedeneres Leben.

Von jedem umsetzbar

Der Stoizismus ist prinzipiell von jedem umsetzbar. Zwar hegten die alten Philosophen ein Frauenbild, bei dem sich uns automatisch sämtliche Nackenhaare aufstellen, mit unserem heutigen Wissen ist aber ganz klar, dass weder Geschlecht noch Alter oder gesellschaftlicher Stand über Tugend oder Untugend entscheiden. Jeder, der Interesse daran hat, ist dazu eingeladen, sich auf die stoische Lebensweise einzulassen. Stoisch zu leben erfordert keinen bestimmten Bildungsstatus, keinen hohen Kontostand und keine Muskelkraft. Es kommt allein auf die innere Einstellung und die Offenheit dafür an, diese spezielle Philosophie in sein Leben zu integrieren.

Auseinandersetzung mit der eigenen Persönlichkeit

Die Stoa hält jeden dazu an, sich mit seinen persönlichen Gefühlen, Gedanken und Handlungen auseinanderzusetzen. Die Selbstreflexion ist eine Grundvoraussetzung für das stoische Leben. Mit dem Stoizismus gehen daher wertvolle Erkenntnisse zu deiner eigenen Person einher. Du bist dazu aufgefordert, dich mit dir selbst zu beschäftigen, dich zu hinterfragen und deine Persönlichkeit im Detail kennenzulernen.

Gelassenheit:"Keep cool" in jeder Lebenslage

Gerade für Menschen, die sich leicht von ihren Emotionen übermannen lassen und zum Beispiel schnell und häufig wütend oder traurig werden, kann der Stoizismus auf Dauer eine große Erleichterung bewirken. Du lernst, dich weniger von äußeren Geschehnissen beeinflussen zu lassen, deinen Emotionen nicht unnötig viel Macht über dich und dein Leben zu verleihen und cool zu bleiben, wenn für andere bereits die Welt zusammenbricht.

Sinnstiftung

Ob wir es nun offen zugeben oder nicht: Wir alle sind auf der Suche nach dem Sinn. Wir fragen uns, warum wir hier sind, wie wir unser Leben führen sollen und was es letztendlich nützt. Die Stoa beantwortet diese Fragen. Du bist hier, weil es der Logos so vorsieht. Wäre es dem Allgemeinwohl nicht dienlich, wärst du nicht hier. Allein deine Existenz verleiht deinem Leben also schon seinen Sinn.

Keine Angst vor dem Tod

"Verlust ist nichts anderes als Verwandlung." - Marc Aurel

Es gibt nur wenige Menschen, denen der Tod tatsächlich absolut keine Angst einjagt. Der Stoizismus führt dich auf einen Weg, auf dem es dir gelingen kann, Frieden mit deiner eigenen Sterblichkeit zu schließen.

Nach der Stoa ist der Tod das endgültige und unvermeidbare Resultat des Lebens. Die Seele steigt weder in den Himmel auf noch schmort sie in der Hölle. Sie hört ganz einfach auf zu existieren. Der Mensch zerfällt in seine Bestandteile - die Elemente - und was war, ist nicht mehr. Das mag auf Anhieb wenig tröstlich klingen, kann grundsätzlich aber eine durchaus angenehme Vorstellung sein. Du bist ein winziges Teilchen im Kosmos, der schon lange vor deiner Existenz vorhanden war und fortbestehen wird, wenn du schon längst nicht mehr bist. Auf das Werden folgt im ganz natürlichen Kreislauf der Zerfall. Du bist nicht allein damit, denn jedes Lebewesen wird auf dieselbe Weise vergehen. Wenn du es schaffst, dies zu akzeptieren, nimmt der Tod eine andere Qualität an. Er wird vom unaussprechlichen Super-Gau zur vorstellbaren Normalität.

Weniger haben, mehr schätzen

Es geht nicht darum, was du hast, was du erreichen möchtest oder was du dir erträumst. Diese Dinge sind irrelevant. Es geht darum, mit deinem jetzigen Leben zufrieden zu sein. Wenn du aufhörst, dich nach "Mehr" zu sehnen, wirst du erkennen, dass du bereits alles hast, was es zur Zufriedenheit braucht. Die Stoa lehrt dich, die Dinge, die dir zur Verfügung stehen, zu schätzen und dem, was dir scheinbar fehlt, keine Bedeutung beizumessen.

Akzeptanz und Frieden: Dem Schicksal die Hand reichen

"Dem Lauf der Dinge darf man nicht zürnen, denn er kümmert sich um nichts." - Marc Aurel

Alles passiert genau so, wie der Logos es vorsieht. Selbst im Schlechten überwieget letztendlich das Gute. Es gibt zahlreiche Menschen, die berichten, dass ihnen der Stoizismus über schwere Krisen und Schicksalsschläge hinweggeholfen hat. Er verharmlost das Geschehene nicht. Er wirft aber ein, dass das individuell empfundene Schlechte im Gesamtkontext eine gute Wirkung nach sich zieht. Du bist vielleicht nicht in der Lage, es zu erkennen, es ist aber zweifellos der Fall. Eine Ansicht, aus der man Kraft und Hoffnung schöpfen kann. Die Stoa lehrt dich, das Schicksal zu akzeptieren. Dich dagegen aufzulehnen bereitet dir nur mehr Schmerz als nötig. Zugegeben: Das Leben scheint allzu oft verdammt ungerecht und es fällt schwer, an die gute Absicht des Logos und dessen Plan zu glauben. Je intensiver du dich aber mit dem Stoizismus beschäftigst und je mehr du die stoische Lebensweise verinnerlichst, desto eher wirst du in der Lage sein, deinem eigenen Schicksal die Hand zu reichen und Frieden mit dem Lauf der Dinge zu schließen.

"Anleitung" für ein sinnvolles, zufriedenes Leben

Menschen, die sich verloren fühlen und sich nach Orientierung sehnen, werden in den Armen des Stoizismus fündig. Sowohl philosophisch als auch praktisch veranlagte Personen finden hier wertvolle Impulse, die sie dazu anregen, einen Weg zu finden, der sie im Endeffekt zufriedener macht. Der Stoizismus kann also durchaus auch als "Anleitung" für ein zufriedenes, sinnvolles Leben verstanden werden.

––––––

Konkrete Beispiele dafür, wie dir der Stoizismus in verschiedenen Lebenslagen und Bereichen des Lebens weiterhelfen und dir eine stoische Lebensweise von Vorteil sein kann, findest du in Kapitel 7.

Das Wichtigste in Kürze

- ✓ Jeder Mensch kann grundsätzlich stoisch leben und vom Stoizismus profitieren.

- ✓ Die Lehren der Stoa sind zwar alt, besitzen aber auch heute noch eine unbestreitbare Relevanz.

- ✓ Der Stoizismus regt dich dazu an, dich selbst intensiv kennenzulernen und deine Persönlichkeit zu erkunden.

✓ Der Stoizismus kann dich dabei unterstützen, den Sinn in deinem Leben zu erkennen, Schicksalsschläge zu verkraften und im Endeffekt zu mehr Zufriedenheit zu finden.

Kapitel 4: 8 Missverständnisse & Mythen

 Der Stoizismus war immer und ist bis heute umstritten. Diese Tatsache lässt sich nicht leugnen. Viele Kritikpunkte entspringen dabei allerdings Missverständnissen, die aus Unwissenheit und mangelnden Informationen resultieren. Damit du genau weißt, was wahr ist und was nicht, befassen wir uns in diesem Kapitel mit den acht gängigsten Mythen rund um die Stoa und ihre "Anhänger".

#1: Der Stoizismus verherrlicht Armut

Wahr ist, dass die Stoa materiellen Besitztümern keinerlei Wert beimisst. Stoiker streben nicht nach Reichtum, sie sehnen sich nicht nach materiellen Gütern und bemessen den Wert eines Menschen nicht daran, wie viel dieser besitzt. Das bedeutet aber nicht, dass der "Musterstoiker" in Armut lebt. Es ist in Ordnung, Dinge zu besitzen und es ist vollkommen ok, seine Besitztümer zu schätzen. Kritisch wird es erst dann, wenn man seine Zufriedenheit und sein Selbstwertgefühl von dem, was man besitzt, abhängig macht und/oder andere Menschen nach ihrem jeweiligen Besitz beurteilt.

#2: Stoisches Leben und Erfolg schließen sich aus

Besonders oft wird der Stoizismus von extrem ambitionierten, erfolgsorientierten Menschen belächelt. Diese vertreten die Auffassung, dass Stoiker sich mit zu wenig zufriedengeben und stempeln dies als Schwäche ab. Tatsächlich kommt es immer darauf an, wie man Erfolg definiert. Ist ein erfolgreiches Leben ein Leben, in dem man viel Geld anhäuft, ein hohes Amt bekleidet oder den gesellschaftlichen Leistungsanspruch erfüllt? Oder vielleicht doch eher eines, das sich durch Zufriedenheit und Glückseligkeit auszeichnet? Es gibt viele beruflich erfolgreiche Menschen, die zutiefst unglücklich sind, und derart erfolgreiche Personen, die zufrieden sind. Genauso gibt es unglückliche und glückliche Menschen unter denen, die nicht nach beruflichem

Erfolg streben. Der Schlüssel ist also nicht der Erfolg - auf ihn kommt es letztendlich nicht an - sondern die innere Einstellung und die Bewertung des eigenen Lebens.

#3: Stoiker wählen häufig den Freitod

Stoiker werden manchmal als Volk der Selbstmörder abgetan. Das ist in zweierlei Hinsicht falsch. Zum einen beschränkt sich der Stoizismus nicht auf ein Volk. Er stammt ursprünglich aus Griechenland, ist heute aber weltweit ein Begriff und wird in seinem Ursprungsland kaum häufiger vertreten als an anderen Orten der Welt. Zum anderen gibt es keinerlei Hinweise darauf, dass sich Stoiker besonders oft für den Selbstmord entscheiden. Wahr ist aber, dass die Stoa den Freitod nicht verteufelt oder als Laster oder Sünde beschreibt, wie es in vielen Religionen der Fall ist.

#4: Stoiker dürfen keine Emotionen haben

Der Mensch ist ein emotionales Wesen. Das war auch Zenon von Kition klar. Schließlich hatte er selbst mit emotionalen Ausbrüchen zu kämpfen. Es liegt in der Natur des Menschen, emotional zu empfinden. Stoiker sind keineswegs frei von Emotionen. Sie spüren Trauer, Wut, Freude, Angst, Ekel, Verzweiflung und Verliebtheit genau wie alle anderen Menschen. Dennoch gibt es einen Unterschied: Der Stoiker entscheidet sich dafür, seinen Emotionen nicht die Macht über seine Zufriedenheit oder sein Handeln zu geben. Er ist überzeugt davon, seine Emotionen mit seiner Vernunft beherrschen zu können. Ein Stoiker hat also sehr wohl Emotionen, lasst sich von ihnen aber nicht zu unvernünftigem Handeln hinreißen.

#5: Stoiker funktionieren wie Maschinen

Die beiden Begriffe "stoisch" und "apathisch" werden häufig falsch verstanden beziehungsweise nicht im Sinne der Stoa verwendet. Ein apathischer Mensch, laut Stoa, verfügt über die Weisheit und die Fähigkeit, sich nicht durch äußere Einflüsse erschüttern oder aus dem Gleichgewicht bringen zu lassen. Er ist nicht leblos, unmenschlich oder starr. Er weiß lediglich, worauf er Einfluss hat und was sich seiner Kontrolle entzieht, kann Gutes von Schlechtem unterscheiden und entscheidet sich aus Vernunft oft für die Gleichgültigkeit. Das macht ihn nicht zum Roboter, sondern nur zu einem sehr beherrschten, überlegten Menschen.

#6: Der Stoizismus ist mittlerweile widerlegt

Bestimmt bist du beim Lesen des ersten Kapitels über den ein oder anderen Satz gestolpert, den dein Allgemeinwissen widerlegt. So wissen wir zum Beispiel mit absoluter Bestimmtheit, dass sich die Dinge in unserem Universum nicht ausschließlich aus Feuer, Luft, Wasser und Erde zusammensetzen. Jeder, der das Periodensystem kennt, ist sich dessen sicher. Es stimmt also, dass die alten Philosophen, die die Stoa begründeten und weiterentwickelten, an manchen Stellen falsch lagen. Sie konnten es bei dem damaligen Forschungsstand schlicht und ergreifend nicht besser wissen. Was damals schlüssig klang, ist heute absurd. Wenn das aber dazu führt, dass sämtliche Ansichten aus der Stoa nicht mehr berücksichtigt werden dürfen, müssen auch Bibel, Koran und Co. abgeschrieben werden. Anstatt die Stoa im Gesamten als Unsinn abzutun, sollten wir uns also bemühen, sie auf die heutige Zeit zu übertragen und durch unser fortgeschrittenes Wissen zu ergänzen und zu optimieren. Na gut: Der Mensch zerfällt also nicht in Feuer, Luft, Wasser und Erde. Das macht die Vorstellung, dass er in seine kleinsten Bestandteile zerfällt, aber nicht obsolet. Wir wissen heute einfach nur deutlich mehr über den Aufbau des menschlichen Körpers, über Atome, Moleküle und ähnliches, als es damals der Fall war. Die Aussage bleibt bestehen und glaubhaft, nur die Details ändern sich. Der Stoizismus ist daher nicht widerlegt - er muss nur mit dem heutigen Wissenstand bestückt und entsprechend modernisiert werden.

#7: Der perfekte Stoiker ist rundum und immer zufrieden

Fälschlicherweise wird der Stoizismus von Zeit zu Zeit als ultimative Schnellanleitung zu vollendetem Lebensglück angesehen. Diese Erwartung kann er nicht erfüllen. Auch Stoiker hadern mit sich, haben Selbstzweifel, hinterfragen die Philosophie und erleben schlechte Tage und schwere Zeiten. Es ist wichtig, zu begreifen, dass der Logos nicht das einzelne Lebensglück zum Ziel hat. Er konzentriert sich auf das Allgemeinwohl des gesamten Organismus "Kosmos". Es gilt daher, selbst seinen Teil der Verantwortung zu übernehmen und im vergleichsweise kleinen und für den Kosmos letztendlich unbedeutenden Stil auf die eigene Zufriedenheit hinzuarbeiten. Zu sagen, dass du niemals wieder unglücklich sein wirst, wenn du nach der Stoa lebst, wäre eine glatte Lüge. Du wirst aber lernen, die äußeren Einflüsse, die persönlich als negativ bewertet werden, auf Distanz zu halten und effektiver mit Dingen, die deine Zufriedenheit beeinträchtigen, fertig zu werden.

#8: Man wird als Stoiker geboren - oder eben nicht

Natürlich tun sich manche Menschen leichter mit der Umsetzung der stoischen Lehren als andere. Der eine ist von Natur aus gelassen, der andere aufbrausend und der dritte unsicher. Letztendlich kann aber jeder Mensch zum Stoiker werden. Entscheidend sind nicht die Veranlagungen, sondern der Wille, sich auf die stoische Weltanschauung einzulassen, sich im stoischen Verhalten zu üben und konsequent an sich zu arbeiten.

Kapitel 5: Selbsttest - Wie viel Stoiker steckt in dir?

 In diesem Kapitel hast du die Möglichkeit, herauszufinden, ob und inwiefern du bereits stoisch lebst - vielleicht ganz ohne es zu wissen. Selbstverständlich musst du diesen Test nicht machen. Die weiteren Kapitel dieses Buches bauen nicht darauf auf. Doch wenn du ihn machst, solltest du unbedingt darauf achten, bei der Bearbeitung möglichst ehrlich zu sein und eher aus dem Bauch heraus zu entscheiden, als ewig über einzelne Fragen und Antworten nachzudenken.

I. Du stehst an der Supermarktkasse an und hast es etwas eilig. Den größten Teil der langen Schlange hast du schon geschafft und die Kundin vor dir möchte gerade bezahlen. Ihre Hände zittern, sie sieht wohl schlecht und braucht eine gefühlte Ewigkeit, um ihr Kleingeld abzuzählen. Du...

(A) ...siehst zwar hin und wieder auf die Uhr, bleibst aber ruhig.

(B) ...bist ziemlich genervt und würdest die Frau am liebsten einfach zur Seite schieben.

(C) ...hast Mitleid mit ihr, schämst dich ein bisschen und fragst dich noch auf dem Weg zum Auto, ob du ihr vielleicht hättest helfen sollen.

II. Welche dieser Eigenschaften treffen am ehesten auf dich zu?

(A) Überlegt, gelassen und achtsam

(B) Pragmatisch, selbstbewusst und ungeduldig

(C) Mitfühlend, unsicher und verträumt

III. Du hast verschlafen und wirst mindestens eine Stunde zu spät zur Arbeit kommen. Du denkst...

(A) ...dann beeil ich mich jetzt wohl lieber ein bisschen.

(B) ...verdammt, warum hat der blöde Wecker nicht geklingelt?

(C) ...hoffentlich ist mein Chef nicht sauer. Schafft meine Kollegin die Stunde ohne mich überhaupt?

IV. Wenn du an den Tod denkst, dann...

(A) ...ist dir zwar mulmig zumute, Illusionen über ein Auferstehen im Himmel oder über eine Wiedergeburt machst du dir aber trotzdem nicht.

(B) ...fürchtest du dich nur wenig. Schließlich bist du dir sicher, dass es nach dem Tod irgendwie für dich weitergeht.

(C) ...ist dir zum Heulen zumute. Wer weiß schon, ob und wie es dann weitergeht? Keiner. Und das macht dich verrückt.

V. Eine gute Freundin hat sich mit dir zum Eisessen verabredet, taucht aber nicht auf. Du...

(A) ...schreibst ihr per WhatsApp, bestellst dir dann einfach allein etwas und genießt die Sonne.

(B) ...rufst sie sofort an, machst deinem Ärger auf ihrer Mailbox Luft und fährst wieder nach Hause.

(C) ...machst dir große Sorgen um sie, kommst dir außerdem blöd vor, weil du allein im Café sitzt, und weißt nicht so recht, was du jetzt machen sollst.

Es ist Samstag und du freust dich auf eine Wandertour mit Freunden, die schon lange geplant ist. Doch bei dem Blick aus dem Fenster ist schnell klar, dass der Ausflug ins Wasser fällt: Es regnet in Strömen. Du denkst...

(A) ...naja, das Wetter lässt sich halt nicht ändern. Vielleicht können wir uns ja irgendwo im Trockenen treffen und trotzdem einen schönen Tag zusammen erleben. Uns fällt schon irgendwas ein.

(B) ...so ein Mist aber auch. Warum muss immer ausgerechnet bei mir alles schieflaufen? Der Tag ist jetzt schon gelaufen.

(C) ...das ist echt schade, ich habe mich so wahnsinnig darauf gefreut. Ob wir wohl einen neuen Termin finden, an dem alle Zeit haben? Und was ist, wenn es dann wieder regnet?

VII. Deine Freunde würden dich beschreiben als...

(A) ...vernünftig, wenig emotional und selbstbeherrscht.

(B) ...Genießer des Lebens, manchmal schnell aufbrausend und ehrgeizig.

(C) ...sehr hilfsbereit, hin und wieder leicht verwirrt und gefühlsbetont.

VIII. Du stehst kurz vor einer wichtigen Prüfung. Du...

(A) ...bist relativ gelassen. Was wäre denn schon das Schlimmste was passieren könnte? Selbst das Worst-Case-Szenario würdest du überstehen.

(B) ...büffelst bis zum Umfallen. Schließlich willst du nicht nur bestehen, sondern der absolut Beste sein.

(C) ...lernst seit Wochen, bist aber trotzdem ziemlich nervös und überprüfst immer wieder, ob du alle wichtigen Materialien für die Prüfung eingepackt hast.

IX. Das Aussehen deiner Nase/ Augen/ Lippen gefällt dir nicht so gut. Du...

(A) ...gibst nicht viel auf Äußerlichkeiten und arbeitest lieber an deiner Persönlichkeit.

(B) ...denkst über eine Schönheits-OP nach, auch wenn du sie dir eigentlich nicht leisten kannst. Von allein wird sich das schließlich nicht ändern.

(C) ...fühlst dich total unwohl in deiner Haut. Wenn dich in der Bahn jemand seltsam ansieht, denkst du sofort, dass es an deinem ungeliebten Körperteil liegt und du fragst dich, ob sich das jemals ändern wird.

II. Du betrittst einen Raum und siehst, dass sich zwei deiner engsten Freunde schrecklich streiten. Du...

(A) ...beobachtest die Situation und hoffst, dass die beiden die Sache irgendwie klären können.

(B) ...mischst dich ein und verlangst eine Erklärung. Du gibst dich erst dann zufrieden, wenn sich die beiden vor deinen Augen miteinander versöhnen.

(C) ...weißt nicht, was du tun sollst, und fragst dich, ob du vielleicht irgendwie helfen kannst. Aber du weißt ja nicht, um was es geht, und willst jetzt auch nicht so direkt nachfragen. Also wartest du ab, fühlst dich aber sehr unwohl dabei.

Wenn du alle Fragen beantwortet hast, kannst du direkt mit der Auswertung beginnen. Zähle, wie oft du A, B und C angekreuzt hast. Der Buchstabe, den du am häufigsten gewählt hast, entspricht deinem Ergebnis:

Überwiegend Antwort **A**

Dir liegt der Stoizismus im Blut. Du bringst viele Eigenschaften mit, die in diesem Kontext von Vorteil sind, was dir die weitere Integration der stoischen Lehren in dein Leben enorm erleichtern wird. Schon jetzt zählen Gelassenheit und Ruhe zu deinen Stärken, die du mit diesem Buch wunderbar ausbauen und ergänzen kannst.

Überwiegend Antwort **B**

Du bist praktisch veranlagt und kannst unter Umständen auch schon mal durch die Decke gehen. Geduld gehört nicht gerade zu deinen Stärken. Du möchtest die Dinge an der Wurzel packen und es fällt dir mitunter schwer, zu akzeptieren, dass manche Dinge nicht in deiner Hand liegen. Du stellst hohe Ansprüche an dich selbst, weißt aber auch, dass du vieles schaffen kannst. Letzteres wird dir bei dem Erlernen stoischer Techniken weiterhelfen. Du bist kein Mensch, der einfach aufgibt - diese Haltung solltest du beibehalten, um weitestmöglich von diesem Buch profitieren zu können.

Überwiegend Antwort **C**

Du lebst mit Herz und Seele. Deine Emotionen überrollen dich öfters, du lässt dich zum Träumen hinreißen und machst dir viele Gedanken darüber, was andere von dir denken. Wenn du es schaffst, den Stoizismus zumindest teilweise in dein Leben zu lassen, wirst du es definitiv nicht bereuen. Ein bisschen mehr Ruhe, Gelassenheit und "so what?" können dir in vielerlei Hinsicht zu mehr Zufriedenheit und Souveränität verhelfen.

Kapitel 6: Der Stoizismus im Vergleich

Bevor wir mit den nächsten Kapiteln voll und ganz in die Praxis des Stoizismus eintauchen, widmen wir uns noch einmal der theoretischen Ebene, und zwar in ganz spezieller Hinsicht. In diesem Kapitel vergleichen wir den Stoizismus kurz und bündig mit zwei Weltreligionen sowie mit einer abweichenden Philosophie.

Stoizismus und Christentum

Das Christentum ist uns in Deutschland wohl bekannt. Nur den wenigsten ist dabei aber bewusst, dass es fast 300 verschiedene Strömungen umfasst. Am gängigsten sind dabei die römisch-katholische, die evangelische, die protestantische und die orthodoxe Kirche. Der Ursprung des Christentums, das sich aus dem Judentum entwickelte, lässt sich ungefähr auf das erste Jahrhundert n. Chr. datieren. Eine Zeit, zu der der Stoizismus schon längst existierte.

Gemeinsamkeiten

Sowohl das Christentum als auch die Stoa gehen davon aus, dass eine höhere Macht den Lauf der Welt kontrolliert oder zumindest überwacht. Zudem soll ein schriftlicher Austausch zwischen Seneca (siehe Kapitel 2) und dem Apostel Paulus stattgefunden haben, was den Einfluss stoischer Ansätze auf die Ethik des frühen Christentums erklärt.

Unterschiede

Auf die spärlichen Gemeinsamkeiten folgen gravierende Unterschiede. Zum einen ist das Christentum monotheistisch. Christen glauben an den einen Gott, den Allmächtigen, der über das Geschehen "seiner" Welt wacht. Für sie gibt es nur diesen einen Gott. Stoiker sind hingegen - wenn überhaupt - eher dem Pantheismus zuzuordnen. Logos bedeutet für sie Vernunft wie auch göttliche Macht, Gott oder Götter. Der eine, einzige Gott ist nicht festgeschrieben. Zum anderen vertrauen Christen auf die Auferstehung nach dem Tod, während die ältere Stoa kein Fortbestehen der Seele nach dem Zerfall vorsieht. In der mittleren und jüngeren Stoa wird eine unsterbliche Seele erwähnt, die allerdings nicht in den Himmel oder ähnliches aufsteigt, sondern zu einem Teil der göttlichen Vernunft, also des Logos, wird. Eines der höchsten Güter, die das Christentum kennt, ist die Nächstenliebe. Diese geht allerdings mit dem Mitgefühl einher, das Stoiker im Sinne der Vernunft zu vermeiden versuchen. Es ließen sich noch zahlreiche weitere Differenzen zwischen Christentum und Stoizismus nennen. Deren Ausführung würde den Rahmen dieses Buches allerdings sprengen. Als Fazit lässt sich also vermerken, dass sich das Christentum und die Lehren der Stoa nur schwer vereinen lassen.

Stoizismus und Buddhismus

Falls du dich zuvor schon einmal genauer mit dem Buddhismus beschäftigt hast, sind dir über die letzten Kapitel hinweg bestimmt bereits einige Parallelen zur Stoa aufgefallen. Tatsächlich wird vermutet, dass beide Weltanschauungen von der indischen Samkhya-Lehre inspiriert wurden, was die vielen Gemeinsamkeiten erklärt. Weiterführend entwickelten sich Stoizismus und Buddhismus allerdings in vielerlei Hinsicht in unterschiedliche Richtungen, sodass sie sich in einigen Aspekten sogar ganz klar widersprechen.

Gemeinsamkeiten

Beide Anschauungen vertreten die Position, dass alle Dinge vergänglich sind. Die Stoa weist auf Werden und Zerfall hin, der Buddhismus auf den ewigen Kreislauf des Lebens, der einem stetigen Wandel unterworfen ist. Sowohl Stoiker als auch Buddhisten gestehen Reichtum, Erfolg und Macht keinen besonderen Wert zu, sondern empfinden solche Dinge sogar oft als hinderlich. Wie der Logos alles Existierende im Kosmos miteinander verbindet, gehen auch Buddhisten von einer Verbindung zwischen allen Lebewesen aus. Den Weg zum Glück

(Stoa) oder aus dem Leiden (Buddhismus) stellt der Fokus auf die eigene Persönlichkeit vor dem Einfluss durch und auf äußere Geschehnisse dar. Gelassenheit, Ruhe und Selbstreflexion spielen in beiden Fällen eine bedeutende Rolle. Außerdem ist beiden Weltanschauungen gemein, dass das Gesamtwohl über das Wohl des Einzelnen gestellt wird. Letztendlich bedienen sich Buddhisten und Stoiker außerdem gleichermaßen dem Instrument der Meditation.

Unterschiede

Buddhisten glauben an die Reinkarnation und an die Erleuchtung, die ins Nirwana führt. Stoiker glauben laut der älteren Stoa, dass das einzelne Leben - auch das Leben der Seele - mit dem Zerfall endgültig endet. Und auch wenn beide meditieren, tun sie es doch mit unterschiedlichen Zielen. Buddhisten nutzen die Meditation, um die Gedankenleere zu erreichen, Stoiker nutzen meditative Elemente zum Nachdenken und zur Selbstreflexion. Im Buddhismus wird außerdem danach gestrebt, hinter das Rationale zu blicken und durch die wahre Erkenntnis des Irrationalen zur Erleuchtung zu finden. Im Gegensatz dazu stehen Vernunft und Rationalität für Stoiker an oberster Stelle. Hinzu kommt, dass Buddhisten alles Leben - also auch das der Tiere - schätzen und bewahren wollen, weshalb sich die Menschen in buddhistisch geprägten Regionen besonders oft vegetarisch oder sogar vegan ernähren. Die Stoa gesteht Tieren als Wesen ohne Vernunft dagegen keinen Wert zu. Du siehst: Buddhismus und Stoizismus mögen vielleicht verwandt sein und ihre ältesten Wurzeln teilen, es handelt sich aber dennoch um zwei stark voneinander abweichende Anschauungen.

Stoizismus und Epikureismus

Der Epikureismus ist eine Philosophie, die auf den zu seiner Zeit berühmten Epikur zurückgeht. Geboren circa 340 v. Chr., begann dieser im Alter von 30 Jahren seine eigene Philosophie in Athen zu lehren.

Gemeinsamkeiten

Epikur und Zenon von Kition waren sich einig: Die menschliche Seele ist, wie auch der Körper, sterblich. Außerdem sind beide Anschauungen den praktischen Philosophien, die hauptsächlich die Praxis zum Gegenstand haben, zuzuordnen. Darüber hinaus sind beide Verfechter von Zufriedenheit als Zielzustand.

Unterschiede

Im Stoizismus ist die Tugend das höchste Gut, im Epikureismus ist es die Lust. Lust ist hier aber nicht als Leidenschaft oder Genuss zu verstehen, sondern steht für Seelenruhe und das Fehlen von Unlust, die wiederum die Getriebenheit oder den Aufruhr der Seele meint. Der Weg zur Glückseligkeit gestaltet sich bei Stoikern und Epikureer auf unterschiedliche Weise. Epikur war sich zudem sicher, dass eine göttliche Vorsehung - egal in welcher Form - nicht existiert, was dem Determinismus durch den Logos widerspricht. Er glaubte fest an den Zufall und sprach dem Leben an sich keinen bedeutenden Sinn zu, während Stoiker ihren Sinn in der vernünftigen Ordnung der Welt durch den Logos sehen. Als letzter großer Unterschied ist die Auffassung bezüglich der Beschaffenheit des Kosmos zu nennen. Die Stoa betrachtet ihn als eine Welt, Epikureer gehen von vielen Welten aus.

Das Wichtigste in Kürze

✓ Stoizismus und Christentum lassen sich nur schwer vereinen. Dennoch deuten Schriftwechsel zwischen Seneca und Apostel Paulus darauf hin, dass die Stoa das frühe Christentum durchaus beeinflussen konnte.

✓ Zwischen dem Buddhismus und Stoizismus bestehen in etwa ebenso viele Gemeinsamkeiten wie Unterschiede.

✓ Epikureismus und Stoizismus unterschieden sich - trotz beidseits griechischen Ursprungs - selbst in den Grundannahmen.

Kapitel 7: Stoizismus im alltäglichen Leben

 Sowohl im Privatleben als auch im beruflichen Kontext kann dir der stoische Lebensstil durchaus weiterhelfen. Wenn du die Lehren der Stoa verinnerlichst und dich in den wichtigen Tugenden und damit einhergehenden Denk- und Verhaltensweisen übst, profitierst du also auf ganzer Linie. Inwiefern genau erklärt dieses Kapitel.

Stoisch im Berufsalltag

Die wenigsten Menschen lieben ihren Beruf wirklich und gehen jeden Tag gerne zur Arbeit. Für viel zu viele ist der Job nicht viel mehr als ein notwendiges Übel, mit dem sich der Lebensunterhalt verdienen lässt. An dieser Situation lässt sich in den meisten Fällen nicht so einfach etwas ändern. Doch egal ob glücklich oder unglücklich mit der Berufswahl - mit ein bisschen Stoizismus lässt sich der Berufsalltag definitiv so durchlaufen, dass er zu mehr Zufriedenheit führt.

✓ Dem Leistungsdruck entgehen

Wir leben in einer Leistungsgesellschaft und so wird uns von klein auf das Gefühl vermittelt, dass die erbrachte Leistung unseren eigenen Wert bestimmt. Aus stoischer Sicht besitzen Reichtum und Erfolg aber per se keinen Wert. Ganz im Gegenteil: Wer danach strebt und sich darüber definiert, läuft Gefahr, auf dem Hamsterrad der Karriere in sein eigenes Unglück zu rennen. In der Realität ist es aber nun einmal so, dass eine gewisse Leistung gefordert wird. Wer nichts leistet, verliert seinen Job, und wer seinen Job verliert, kann sein Leben nicht finanzieren. Der Stoizismus kann dir jedoch dabei helfen, eine gesunde Einstellung zur eigenen Leistung und einen guten Umgang mit dem Leistungsdruck zu entwickeln.

✓ Gelassen durch den Arbeitstag

Im Fahrstuhl macht sich jemand über deine Krawatte lustig, ein Kollege grüßt dich nicht, auf deinem Schreibtisch findest du ein Schreiben von einem unfreundlichen und scheinbar nicht zufriedenen Kunden und dann schnauzt dich auch noch dein Chef an. Würdest du deinen Emotionen freien Lauf lassen, wärst du vermutlich zuerst gekränkt, dann verärgert, anschließend genervt und schließlich beschämt oder wütend. Wenn du es aber schaffst, deinen Seelenfrieden nicht durch diese Emotionen beeinflussen zu lassen, ist dieser "miese" Tag nicht schlechter oder besser als jeder andere. Du kannst deine Arbeit erledigen, dich um den unzufriedenen Kunden kümmern und in der Mittagspause die Sonne genießen, ohne über die Vorfälle am Morgen nachgrübeln zu müssen. Gut gelaunt kommst du wieder in das Büro, wo der Teufel los ist. Auf deinem Schreibtisch stapeln sich die Akten und du weißt sofort, dass du das niemals alles schaffen kannst - zumindest nicht, ohne etliche Überstunden zu machen. Du könntest jetzt in Panik verfallen. Das würde dazu führen, dass du dich kaum noch konzentrieren kannst und die Aufgaben hektisch und mehr schlecht als recht bearbeitest. Du könntest wütend werden, dich fürchterlich aufregen und dich direkt bei deinem Chef beschweren, in dessen Ansehen du daraufhin wohl kaum steigen würdest. Oder du stellst dir zunächst eine zentrale stoische Frage: *Kann ich den Umstand beeinflussen oder nicht?* Die Antwort darauf ist in diesem Fall noch ungeklärt. Im ersten Schritt könntest du deinen Vorgesetzten daher freundlich - und ohne aus Emotionen resultierende Patzigkeit oder Vorwürfe - danach fragen, ob der Berg an Akten wirklich heute bearbeitet werden muss oder einiges vielleicht auch bis morgen warten kann. Möglicherweise ist das Problem damit schon aus der Welt. Besteht der Chef auf eine sofortige und vollständige Bearbeitung, fällt der Umstand in die Kategorie "nicht beeinflussbar". Du weißt, dass die Dinge erledigt werden müssen - es führt kein vernünftiger Weg daran vorbei. Also fügst du dich gelassen und gleichmütig in dein Schicksal und kannst versuchen, das Beste daraus zu machen.

✓ Misserfolge überwinden

Du hast dich wochenlang auf eine wichtige Präsentation vorbereitet, bist überzeugt von deiner Arbeit und gehst selbstsicher in das Büro. Doch der anspruchsvolle Kunde zerreißt deinen Vorschlag in der Luft. Ein klarer Misserfolg. Du könntest in dieser Situation wütend auf den Kunden sein, dich dafür schämen, vor den Kollegen gedemütigt worden zu sein, oder dich über dich selbst ärgern, weil du vielleicht noch härter hättest arbeiten können. Das alles ändert aber nichts an der Situation. Es wirkt sich lediglich negativ auf deine Zufriedenheit aus. Mache dir klar, dass Erfolge nicht deinen Wert bestimmen und dass äußere Umstände deine Zufriedenheit nur beeinflussen können, wenn du es zulässt.

✓ Selbstreflexion und Optimierung

Durch die Reflexion deines Handelns, lernst du dich selbst, deine Denk- und deine Vorgehensweise immer besser kennen. Du weißt, welche Stärken und Schwächen du besitzt und was du als Basis für die Optimierung von Arbeitsprozessen deinerseits nutzen kannst. Ohne dich unter Druck zu setzen oder an dir zu zweifeln, kannst du fast nebenbei darauf hinarbeiten, deine eigene Persönlichkeit für ein optimiertes Arbeiten zu nutzen.

✓ Selbstsicherheit

Wenn du dich selbst gut kennst und weißt, dass äußere Geschehnisse deine Zufriedenheit nicht zwangsläufig beeinflussen müssen, gelingt es dir viel leichter, selbstsicher und souverän aufzutreten. Und die Erfahrung zeigt, dass Menschen, die ein solches Auftreten besitzen, im Job schneller vorankommen sowie respektiert und tendenziell kompetenter eingeschätzt werden.

✓ *Konzentration*

Du lässt dich nicht von deinen Gefühlen und damit verbundenen Gedanken ablenken, sodass du dich im Endeffekt besser auf deine Arbeit konzentrieren kannst.

Stoisch im Privatleben

Das Leben dreht sich nicht nur um die Arbeit. Gerade im Stoizismus, in dem nicht der Erfolg, sondern die Tugendhaftigkeit und letztendlich die Zufriedenheit im Vordergrund stehen, nimmt das Privatleben einen hohen Stellenwert ein. Folgendermaßen können sich die stoischen Lehren auf dein Privatleben auswirken:

✓ *Durch Selbstakzeptanz zur Selbstliebe*

Heute haben viele Menschen Probleme mit ihrem Körperbild. Wir sind ständig mit Medien, Plakatwänden, Werbespots und Social Media, konfrontiert, die perfektionierte Menschen zeigen. Nicht einmal das Covergirl selbst sieht aus wie das Covergirl. Selbst die Menschen, die in unserer Gesellschaft bereits als "schön" gelten, werden zusätzlich durch Photoshop und Co. in eine Perfektion verwandelt, die schlicht und ergreifend nicht existiert. Jedes vierte deutsche Kind hat im Alter von 12 Jahren schon mindestens eine Diät ausprobiert. Bei den 14-Jährigen sind es circa 50 %. Weltweit wurden allein im Jahr 2017 über 23 Millionen Schönheitsoperationen durchgeführt, über 87 % der Eingriffe wurden an Frauen vorgenommen. Eine Umfrage unter Mädchen im Alter von 13 bis 16 Jahren kam zu dem erschreckenden Ergebnis, dass fast 70 % der Teilnehmerinnen lieber dünn als klug wären, wenn sie sich entscheiden müssten. Das zeigt auf, wie enorm der gesellschaftliche Druck, schlank und begehrenswert sein zu müssen, gerade auf jungen Mädchen und Frauen lastet - und was er mit ihnen macht. Der Stoizismus lenkt den Fokus weg von den Äußerlichkeiten und hin zur Persönlichkeit. Die innere Einstellung und das Verhalten sollen optimiert werden, das Aussehen spielt eine absolut untergeordnete - wenn nicht sogar komplett unbedeutende - Rolle. Wenn du dich nicht darum sorgst, wie andere dich wahrnehmen, wer dich attraktiv findet und wem deine Optik vielleicht nicht gefällt, kannst du dich um die wirklich wichtigen Dinge kümmern. Nicht Maße von 90-60-90, lange, makellose Beine, volle Haare, ein zu 100 % symmetrisches Gesicht oder eine perfekt gerade Nase führen zum Glück. Das sind Bestreben, die dir von der Gesellschaft aufgezwungen werden, eigentlich aber völlig belanglos und ohne Wert sind. Wenn du es schaffst, Frieden mit deinem Äußeren zu schließen und an deinem Inneren zu arbeiten, bist du auf dem besten Weg, dich zu akzeptieren, zu lieben und ein zufriedener Stoiker zu werden.

✓ Emotionsgeladene Situationen vernünftig überstehen

Wir Menschen sind nun einmal fühlende Wesen und es gibt immer wieder Situationen, in denen automatisch starke Emotionen in uns hochkommen. Ein paar Beispiele sind leicht zu finden: Du wurdest von deinem Partner verlassen und bist unendlich traurig. Du hast deinen Job verloren und bist verzweifelt. Deine Kinder tanzen dir auf der Nase herum und du bist so wütend, dass du platzen könntest. Jeder Mensch kennst solche Momente. Die Emotionen kommen in einer riesigen Flutwelle und drohen einen vollkommen zu übermannen. Verfügst du aber über stoische "Skills", gelingt es dir, vernünftig zu bleiben und nicht emotionsgesteuert zu handeln. Das führt dazu, dass du als frisch Verlassene keinen Selbstmord begehst, als Gekündigter deinen Chef nicht erwürgst und als Elternteil deine Kinder nicht schlägst - übertrieben formuliert natürlich. Denn was passiert denn meistens, wenn du solch starken emotionalen Impulsen folgst? Richtig, du bereust es hinterher. Mit etwas Übung in der stoischen Gemütshaltung kannst du dafür sorgen, deutlich weniger bereuen zu müssen.

✓ Krisen cool meistern

Du möchtest mit deinem Partner und euren Kindern in den Urlaub fliegen. Die Sachen sind gepackt, die Kinder wurden nochmal zur

Toilette geschickt und in ihre Sitze verfrachtet und ihr seid gut in der Zeit. Und dann springt das Auto nicht an. Ein Kind bekommt einen Tobsuchtsanfall der ersten Güte, weil es Urlaub plötzlich doof findet, und dein Partner kann sich nicht mehr erinnern, ob er seinen Reisepass eingepackt hat. Das Chaos ist perfekt. Und trotzdem kannst du einen klaren Kopf bewahren. Du regst dich nicht auf, lässt dich nicht stressen oder aus der Bahn werfen und kannst die vorliegenden Probleme daher Schritt für Schritt lösen. Du bist der Fels in der Brandung.

✓ Bessere Entscheidungen treffen

Hast du schon einmal aus dem Bauch heraus entschieden und dich später gefragt, wie du nur so dämlich sein konntest? Die meisten Menschen dürften das kennen. Die Stoa lehrt dich, einen Schritt zurückzutreten, deine Vernunft zu nutzen und nicht ausschließlich gefühlsorientiert zu entscheiden. Das führt nicht immer, aber doch überwiegend dazu, dass bessere Entscheidungen gefällt werden.

✓ Prioritäten setzen

Du bist geworden und du wirst zerfallen. Daraus erschließt sich, dass du nur dieses eine Leben hast. Wie du weißt, sind sich Stoiker der älteren und jüngeren Generation uneinig darüber, ob die Seele nach dem Zerfall fortbesteht. Klar ist hingegen, dass du weder wiedergeboren noch ein Leben im Himmel, im Jenseits oder sonst wo führen wirst. Diese Erkenntnis kann sehr inspirierend sein. Sie zwingt dich dazu, darüber nachzudenken, was du mit deinem Leben anfangen möchtest, und zeigt deutlich auf, dass du Prioritäten setzen musst - schließlich ist unser aller Lebenszeit begrenzt.

✓ Konfliktsituationen bewältigen

Du kannst äußeren Einflüssen nicht aus dem Weg gehen, es liegt aber in deiner Hand, wie du damit umgehst und wie viel Macht du ihnen zugestehst. Im Leben wirst du immer wieder mit Konflikten konfrontiert werden. Ein Beispiel: Deine beste Freundin findet, dass du nicht genug Zeit für sie hast, und ist deshalb ziemlich verletzt und angefressen. Du könntest dich jetzt um Kopf und Kragen reden, ihr Vorwürfe machen oder in Schuldgefühlen versinken. Dank deiner stoischen Fähigkeiten in den Bereichen Gelassenheit und Selbstreflexion, kannst du aber deutlich vernünftiger vorgehen. Du kannst ihre Anschuldigung überdenken und auf ihren Wahrheitsgehalt überprüfen, ohne dich angegriffen zu fühlen und direkt in einen Gegenangriff überzugehen. Du kannst es offen und ohne Scham zugeben, falls deine Freundin richtig liegt, und deine reflektierte Sicht der Dinge ruhig erläutern. Das sind die besten Voraussetzungen dafür, eine Lösung zu finden und eine in Gefahr geratene Freundschaft zu retten.

Immer und überall: Von einer gesteigerten Resilienz profitieren

Der Begriff Resilienz beschreibt die psychische Widerstandskraft und die persönliche Fähigkeit, auch schwierige Situationen, die das Leben bereithält, ohne bleibende Beeinträchtigungen zu überstehen. Es geht dabei um Stressmanagement, den Umgang mit Emotionen, das Kennen der eigenen Persönlichkeit und die Stärke, sich nicht nachhaltig negativ von äußeren Geschehnissen beeinflussen zu lassen. Alles Dinge, die uns die Stoa lehrt. Menschen, die an stoischen Fertigkeiten arbeiten, gewinnen oft den Eindruck, dass sich ihre Resilienz verbessert. Und eine gesteigerte Resilienz ist etwas, von dem man sein Leben lang und immer wieder profitieren kann.

Das Wichtigste in Kürze

✓ Die stoischen Lehren können dir sowohl im beruflichen Kontext als auch im Privatleben nützen.

✓ Du lernst zum Beispiel, dem Leistungsdruck standzuhalten, gelassener und weniger gestresst durch den Arbeitstag zu kommen, dich besser konzentrieren zu können und selbstsicherer aufzutreten. Dinge, von denen du im Beruf eindeutig profitierst.

✓ Im Privaten wirst du mitunter dazu befähigt, dich selbst und dein Leben zu akzeptieren, Krisen und Konflikte gelassener und souveräner zu meistern und selbst in emotionsträchtigen Situationen möglichst vernünftig handeln zu können.

Kapitel 8: Zum Stoiker werden - Aber wie?

 Zum Stoiker zu werden ist ein Prozess. Während man durch die Taufe beispielsweise ganz ohne etwas dafür zu tun - und im traditionellen Säuglingsalter auch ohne es selbst zu wollen oder auch nur verstehen zu können - zum Christ wird, muss man einen langen Weg beschreiten, um sich auf die stoischen Lehren einzulassen und zu lernen, wie man sie praktisch im Alltag umsetzen kann. Das achte Kapitel dieses Buches soll dir als erste Orientierung dienen und aufzeigen, welche grundlegenden Schritte zu einem stoischen Leben führen.

I. Befasse dich mit der Stoa

Die Stoa ist die Bibel der Stoiker. Es ist daher unerlässlich, dass du dich mit den stoischen Lehren befasst. Wenn du dieses Buch bisher aufmerksam gelesen hast, konntest du dir bereits einiges Wissen zu dem Thema aneignen. Auf Dauer bietet es sich zusätzlich an, explizit überlieferte Schriften bekannter Stoiker zu lesen und so tiefer in die Materie einzutauchen.

II. Erlange ein Verständnis der stoischen Lehren

Texte über den Stoizismus sind oft verschachtelt und wenig greifbar formuliert. Das liegt unter anderem daran, dass es sich um eine extrem alte Philosophie handelt. Wenn du dich auf eine großflächige Recherche zu dem Thema begibst und Texte verschiedener moderner Anhänger der Stoa liest, kommst du nicht umhin, auf zahlreiche Widersprüche zu stoßen. Heute kann man fast sagen, dass es den Stoizismus in einer klar definierten Form nicht mehr gibt. Verschiedene Menschen haben versucht, die stoischen Lehren auf ihre jeweils individuelle Art zu deuten und zu vereinfachen. Das Resultat ist eine alte Philosophie, die mit zunehmender Modernität gewachsen und vielfältiger geworden ist. Dein Ziel sollte es also nicht sein, die genauen Gedankengänge von Zenon von Kition nachzuvollziehen oder an den Lippen eines modernen Stoikers zu hängen. Es geht vielmehr darum, dein ganz eigenes Verständnis der Stoa zu entwickeln und dich auch zu trauen, bei Widersprüchlichkeiten den Mittelweg zu wählen.

III. Entscheide dich ganz bewusst

Es ist kaum möglich, ganz nebenbei und quasi ausversehen zum Stoiker zu werden. Schließlich ist die menschliche Natur eher wenig stoisch. Damit du den Weg zu einem stoischen Leben beschreiten kannst, solltest du dich also bewusst dafür entscheiden. Es liegt in deiner Hand.

IV. Übe dich in stoischen Fähigkeiten

Übung macht den stoischen Meister. Besonders wenn du bislang zu den eher gefühlsbetonten Menschen gehörst, die sich hin und wieder auch von Kleinigkeiten aus der Bahn werfen lassen und dazu neigen, mehr über als unter zu reagieren, stellt die Stoa dich vor große Herausforderungen. Diese solltest du nicht unterschätzen, dich aber auch nicht von ihnen einschüchtern lassen. Stoisches Leben passiert im Moment, es passiert aber auch ein Leben lang. Solange du dich an den stoischen Lehren orientierst und offen für innere Veränderungen bleibst, bist du auf dem richtigen Weg.

V. Erkenne auch kleine Fortschritte

Im Zentrum des Stoizismus steht deine Zufriedenheit als Einzelteil der Gesamtzufriedenheit. Wenn du dich also darüber aufregst, dass es dir schwerfällt, dir die ein oder andere stoische Fähigkeit anzueignen, wirkst du deinem Fortschritt entgegen. Beobachte dein Denken, dein Fühlen und dein Handeln, erinnere dich an die stoischen Tugenden und versuche, dein Leben im Denken, Fühlen und Handeln danach auszurichten. Bleibe dabei positiv und lege den Fokus auf die Fortschritte, anstatt auf die Hindernisse und Schwierigkeiten. Auf diese Weise bleibst du motiviert und verbesserst deine Chancen, schneller voranzukommen. Ungeduld ist ein Feind, den es nicht zu bekämpfen, sondern zu meiden gilt. An dieser Stelle bietet sich eine Theorie an, die aus dem Bereich des Horsemanships nach Martin Kreuzer stammt:

"Wenn du dir für einen Fortschritt ein Zeitlimit von 15 Minuten setzt, brauchst du vielleicht den ganzen Tag. Nimmst du dir aber den ganzen Tag Zeit, bist du möglicherweise in 15 Minuten am Ziel angelangt."

Kapitel 9: Die grundlegenden Fähigkeiten und Eigenschaften der Stoiker

Es gibt einige Fähigkeiten und Eigenschaften, die einem Leben nach stoischen Prinzipien zuträglich sind. Der Großteil davon ist sogar von essentieller Bedeutung - ohne ihn ist die Umsetzung der stoischen Lehren schlicht und ergreifend nicht möglich. Dieses Kapitel widmet sich diesen wichtigen Fertigkeiten und gibt dir einen Überblick über die "Skills", auf die das stoische Leben aufbaut.

Achtsamkeit

Die Achtsamkeit spielt nicht nur im Stoizismus, sondern in zahlreichen weiteren Philosophien und Religionen eine Rolle. Das bekannteste Beispiel ist der Buddhismus, in dem die Achtsamkeit einen überaus zentralen Platz einnimmt. Doch worum geht es dabei überhaupt? Wer achtsam lebt, nimmt die Dinge wahr. Er befindet sich im Hier und Jetzt, setzt seine Sinne ein, um seine Umwelt zu erleben, wendet sich aber genauso nach innen und achtet auf sein persönliches Befinden im jeweils existenten Moment. Achtsam zu leben, heißt, nicht zu ignorieren, nicht abzustumpfen oder zu verdrängen. Der achtsame Mensch ist stets darauf bedacht, zu bemerken, ohne zu be- oder verurteilen. Er nimmt wahr, ohne postwendend eine Einordnung in "gut" oder "schlecht" vorzunehmen. Das ist alles andere als leicht. Wir sind es gewohnt, allem, was uns widerfährt, sofort eine Wertung zukommen zu lassen. Das tun wir in vielen Fällen bevor wir das Jeweilige überhaupt in all seinen Facetten betrachtet haben. Wir schöpfen aus unseren Erfahrungen und stecken Dinge aufgrund dessen, was wir zu wissen glauben, in Schubladen. Das beschränkt uns letztendlich in unserer Wahrnehmung - und in unserer Vernunft. In Kapitel 10 findest du Übungen, mit denen du deine Achtsamkeit ganz gezielt erhöhen kannst.

Radikale Akzeptanz

Die radikale Akzeptanz ist genau das, was ihr Name beschreibt: Das radikale Akzeptieren von Umständen, Situationen, Geschehnissen und Menschen. Wer radikal akzeptiert, lässt zu, dass das jeweils Akzeptierte keinen weiteren Einfluss auf ihn nimmt, und handelt damit vollkommen im stoischen Sinne. Die radikale Akzeptanz wird für den Stoiker immer dann relevant, wenn sie sich auf Dinge richtet, die er selbst nicht beeinflussen kann. Sich nicht über das zu ärgern, was ist oder nicht ist, sondern wertungsfrei anzunehmen, was ist oder nicht ist - das ist radikale Akzeptanz. Dieser Fähigkeit wenden wir uns in Kapitel 10 in Form von praktischen Übungen zu.

Stresserkennung und -reduktion

In unserer heutigen Welt ist Stress ein Begriff, den wirklich jeder nur allzu gut kennt. Manche von uns tauchen mit dem Klingeln des Weckers in den Stress ein und entkommen ihm erst, wenn sie am Abend der Schlaf übermannt. Das führt im Endeffekt dazu, dass Stress als Normalzustand wahrgenommen wird. Früher, als wir Menschen noch als Jäger und Sammler lebten und auf unsere Instinkte angewiesen waren, erfüllte Stress einen wichtigen Zweck. Der Jäger kam beispielsweise in eine Stresssituation, wenn er einem wilden Tier begegnete und um sein Leben fürchten musste. Der Stress führt damals wie heute dazu, dass der Körper quasi unter Hochspannung steht. Er stellt jegliche Ressourcen bereit, die zum Kampf oder zur Flucht genutzt werden können, und verfolgt damit das Ziel der Überlebenssicherung. Der Jäger erlegte das Tier oder flüchtete und sein Stresspegel flachte ab. Sein Körper konnte sich erholen und neue Kraft schöpfen, damit er im nächsten Stressmoment erneut alles geben konnte. Diese Ruhephasen fehlen uns heute häufig oder fallen deutlich zu kurz aus, was unser Wohlbefinden massiv beeinträchtigt. Stress als Dauerzustand ist vom menschlichen Organismus nicht vorgesehen. Natürlich ist ein Ebbe-Flut-Verhalten: Auf die Stressphase folgt eine Phase der Erholung und Regeneration. Wenn du dich also den ganzen Tag über im

Stress befindest, versucht dein Körper, Ressourcen auszuschöpfen, die gar nicht mehr vorhanden sind. Du wirst unweigerlich erschöpft, ausgelaugt und unzufrieden. Der Stoizismus sieht keine Beseitigung der Stressoren - also der Faktoren, die Stress auslösen - vor. Dies lässt sich in der Realität nämlich nicht umsetzen. Stoischer zu leben, bedeutet daher, besser mit den Stressoren umzugehen. Du musst erkennen, was dir persönlich Stress bereitet, und zweierlei Fähigkeiten erlernen: Zum einen, den Stress weniger an dich heranzulassen und ihm damit die Macht zu nehmen, deine Zufriedenheit zu beeinflussen, zum anderen, den Stress, dem du nicht entgehen kannst, auf zufriedenstellende Weise zu bewältigen. Wie das geht, erfährst du in Kapitel 11.

Anpassungsfähigkeit

Die Welt - und damit auch du - ist einem ständigen Wandel unterworfen. Alles wird und zerfällt. Alles Bestehende vergeht und alles, was nicht ist, kann irgendwann werden. Damit du möglichst zufrieden durch die Welt gehen kannst, musst du also lernen, dich verschiedenen Gegebenheiten anzupassen. Du darfst nicht an Dingen festhalten, denn sie werden vergehen. Genauso darfst du dich nicht vor Dingen, die aktuell nicht existieren, fürchten, denn sie könnten kommen. Mit der Anpassungsfähigkeit und damit, wie du selbst anpassungsfähiger wirst, setzen wir uns in Kapitel 12 genauer auseinander.

Erkennen des eigenen Wesens und Einflusses

Wie gut kennst du dich selbst? Dein Ziel sollte es sein, diese Frage irgendwann ganz ehrlich mit "sehr gut" beantworten zu können. Die Kenntnis über dein eigenes Wesen, deine individuellen Charakterzüge, deine Stärken und deine Schwächen, befähigt dich dazu, dich adäquat um dich selbst zu kümmern. Nur so kannst du das Maximum an persönlicher Zufriedenheit erreichen. Genauso wichtig ist das Erkennen der Reichweite und der Grenzen deines Einflusses. Du musst lernen, fast automatisch situativ zu begreifen, ob du das Jeweilige kontrollieren kannst oder eben nicht. Mit beiden Aspekten befassen wir uns in Kapitel 13 im Detail.

Leidenschaftslosigkeit und Genügsamkeit

Wer in einem Bewerbungsgespräch oder bei einem Date von sich sagt, leidenschaftslos zu sein, hat in der Regel schlechte Chancen. Als Stoiker ist die Leidenschaftslosigkeit jedoch absolut erstrebenswert. Im Stoizismus wird die Leidenschaft ganz ursprünglich verstanden. Das Wort leitet sich vom Mittellateinischen "liden" ab, was in etwa mit "durchmachen" oder "durchstehen" übersetzt werden kann. Wer ein Ziel mit Leidenschaft verfolgt, macht seine Zufriedenheit davon abhängig, ob er es erreichen kann oder nicht. Nach der Stoa ist dies absolut unvernünftig. Du sollst Dinge, die nicht unmittelbar verfügbar sind, nicht begehren. Denn mit dem Begehren, also der Leidenschaft, stellt sich die Möglichkeit ein, enttäuscht und somit unzufrieden zu werden. Selbst wenn die Wahrscheinlichkeit, das Begehrte zu bekommen, bei 90 % liegt, ist es für den Stoiker keinen Versuch wert. Zu schwer wiegen die 10 % Risiko. Von essentieller Bedeutung ist daher die Genügsamkeit. Du sollst die Dinge schätzen, die du hast, und dich nicht nach Dingen sehnen, die aktuell nicht vorhanden sind. Beides geht Hand in Hand. Wer den Ist-Zustand schätzt, zeitgleich aber nach "mehr" strebt, ist ebenso unzufrieden, wie der Genügsame, der nicht zu schätzen weiß, was er hat. Leidenschaftslosigkeit und Genügsamkeit werden in Kapitel 14 beleuchtet.

Selbstbeherrschung

Selbstbeherrschung ist die Fähigkeit, sich selbst und vor allem seine Emotionen zu kontrollieren und Disziplin zur Priorität zu machen. Alle bisher beschriebenen Fähigkeiten und Eigenschaften lassen sich mit einer ordentlichen Portion Selbstbeherrschung leichter etablieren. Die Herrschaft über dich selbst ist ein wertvolles Gut, das du dir bei dir selbst verdienen musst. Klingt skurril, ist aber so. Du musst dich selbst gut genug kennen und ausreichend in dein Wesen vertrauen, um zu erkennen, dass deine Disziplin zum bestmöglichen Endergebnis für dich führt. Wie du dich in Selbstbeherrschung üben kannst, erfährst du in Kapitel 15.

Gelassenheit und innere Ruhe

Letztendlich läuft alles auf einen Zustand der Gelassenheit und der inneren Ruhe hinaus. Der Stoizismus bietet einen Weg, in einer Welt, die sich durch eine konstante Unruhe auszeichnet, zum in sich ruhenden Zufriedenen zu werden. Ein wahrer Akt der Rebellion. Die Stoa verspricht, dass der gelassene Mensch, der vom Trubel, der um ihn herum herrscht, unberührt bleibt und sich seine innere Ruhe bewahren kann, mit maximaler Zufriedenheit belohnt wird. Kapitel 16 unterstützt dich dabei, gelassener zu werden und zu innerer Ruhe zu finden.

Kapitel 10: Achtsamkeit und radikale Akzeptanz

 Herzlich willkommen im Praxisteil dieses Buches! Nachdem du dich ausreichend theoretisch mit dem Stoizismus befasst hast, ist es nun an der Zeit, dein Wissen in die Praxis umzusetzen und dir Schritt für Schritt die wahren stoischen Fähigkeiten anzueignen. Dabei beginnen wir mit der Achtsamkeit. Die folgenden Übungen eignen sich optimal, um dir die achtsame Lebensweise näher zu bringen und deine Achtsamkeit langfristig zu erhöhen.

"Man muss mit seinen Gedanken nur bei dem sein, was gerade jetzt zu tun ist." - Epiktet

Telefonat mit einem Alien

Im Zentrum der Achtsamkeit steht die Wahrnehmung. Äußerliches nehmen wir Menschen über die fünf Sinne - Sehen, Hören, Tasten, Riechen und Schmecken - wahr. Eine achtsame Wahrnehmung ist dabei immer wertungsfrei. Etwas achtsam zu schmecken bedeutet also beispielsweise, den Geschmack wahrzunehmen, ohne ihn als gut oder schlecht zu bewerten. Das kannst du üben, indem du ein imaginäres Telefonat mit einem Alien führst. Der Außerirdische weiß absolut gar nichts über die Erde, die Welt, in der du lebst, und die Gegenstände, die darin auftauchen. Deine Aufgabe ist es, ihm einen Gegenstand so genau wie möglich zu beschreiben, sodass der Außerirdische sich diesen schließlich möglichst gut vorstellen kann. Für die Beschreibung nutzt du deine fünf Sinne, denn diese sind das Einzige, was dich und den Außerirdischen verbindet. Beachte, dass Vergleiche für deinen Gesprächspartner ohne Relevanz sind. Schließlich kennt er nichts, was du zum Vergleich heranziehen könntest. "Es schmeckt nach Erdbeere" ist zum Beispiel ohne Bedeutung für den, der noch nie eine Erdbeere gegessen hat. Bereit für dein Telefonat? Los geht's:

1. Wähle einen Gegenstand aus

Zunächst musst du dich für einen Gegenstand, den du dem Außerirdischen beschreiben möchtest, entscheiden. Für den Anfang eignen sich einfache Dinge, beispielsweise ein Apfel oder ein Fußball, gut. Später kannst du zu komplexeren Objekten übergehen.

2. Wandere durch die Sinne

Nehmen wir an, du hättest dich für einen Apfel entschieden. Beschreibe zu Beginn, wie er aussieht. Welche Farbe hat der Apfel? Was zeichnet seine Form aus? Dann fährst du mit dem Hören fort. Macht der Apfel Geräusche? Wie sieht es aus, wenn du ihn schüttelst oder gegen eine harte Oberfläche schlägst? Anschließend kommt das Tasten. Wie fühlt sich der Apfel an? Ist er rau oder glatt? Kalt oder warm? Weich oder hart? Als Nächstes wendest du dich dem Riechen zu. Schnuppere an dem Apfel und beschreibe seinen Geruch. Abschließend ist das Schmecken an der Reihe. Beiße beherzt in den Apfel. Schmeckt er süß oder sauer? Intensiv oder eher mild?

Diese Übung lehrt dich, all deine Sinne einzusetzen und ganz alltägliche Dinge ungewohnt genau zu betrachten. Wenn du regelmäßig trainierst, gewöhnst du dir die achtsame Wahrnehmung der Dinge um dich herum an und nimmst sie auf Dauer ganz automatisch in all ihren Facetten wahr.

Achtsamkeits-Check - Innen und außen

Die Welt dreht sich schnell - manchmal so schnell, dass äußere sowie innere Geschehnisse einfach an uns vorbeifliegen. Doch nur wenn du dir derer bewusst bist, kannst du sie in einer Art handhaben, die zu deiner eigenen Zufriedenheit beiträgt. Deshalb lohnt es sich, mehrmals täglich einen Achtsamkeits-Check durchzuführen. Dabei unterscheiden wir Checks für die Außenwelt und für das Innenleben. Die Vorgehensweise ist jedoch bei beiden Varianten dieselbe:

1. Innehalten

Egal ob bei der Arbeit, in der Bahn oder Zuhause: Halte im Alltag kurz inne. Unterbreche, was auch immer du gerade tust, und atme einmal tief durch.

2. Fokussieren

Dann entscheidest du, ob du dich auf die Umwelt oder dein Inneres konzentrieren möchtest. Entsprechend lenkst du deinen Fokus entweder über die fünf Sinne nach außen oder kehrst in dich.

3. Analysieren und reflektieren

Um deine aktuelle Situation wahrzunehmen, stellst du dir mehrere Fragen:

Umwelt

- ‣ Was geschieht um mich herum?

- ‣ Welche Position nehme ich in der gegenwärtigen Situation ein?

- ‣ Wirken aktuell äußere Einflüsse auf mich? Und wenn ja, welche? Wie wirken sich diese aus?

Inneres

- ‣ Wie fühle ich mich in diesem Moment?

- ‣ Geht es meinem Körper gut? Geht es meinem Geist und meiner Seele gut?

- ‣ Was könnte ich gerade jetzt tun, um meine Zufriedenheit zu erhöhen?

Anfangs führst du beide Checks separat durch. Später kannst du sie kombinieren und dabei dann beispielsweise Rückschlüsse von den äußeren Umständen auf dein inneres Befinden ziehen.

Achtsamer Alltag

Im Alltag bieten sich dir viele Gelegenheiten, achtsam zu sein und ganz im Hier und Jetzt anzukommen. Beim Trinken einer Tasse Tee, beim Bügeln, beim Staubsaugen, beim Warten auf die Bahn oder beim Aufschließen der Wohnungstür - das alles sind Beispiele für Momente, die ganz achtsam gelebt werden können. Lenke deinen Fokus auf die Tätigkeit, die du ausführst, und setze deine Sinne ein. Nehmen wir an, du würdest die Wohnungstür aufschließen:

▸ Was siehst du?

▸ Wie hört es sich an, wenn der Schlüssel im Schloss gedreht wird?

▸ Wie fühlt sich der Widerstand des Schlosses in deiner Hand an?

▸ Welcher Geruch strömt dir beim Öffnen der Tür entgegen?

▸ Wie fühlst du dich, wenn du deine Wohnung betrittst?

Es handelt sich hier quasi um einen situationsbezogenen Achtsamkeits-Check und es gibt eigentlich keine Situation, in der du ihn nicht durchführen kannst. Wenn du dir angewöhnst, ganz alltägliche Momente achtsam zu erleben, wirst du dies irgendwann fast reflexartig tun und dich nicht mehr bewusst daran erinnern müssen.

Bodyscan

Nach dem Stoizismus ist der Körper das Gefäß, das die Seele beherbergt. Geht es dem Körper nicht gut, wirkt sich das auf die Seele aus. Umgekehrt können sich seelische Beeinträchtigungen in körperlichen

Beschwerden äußern. Uns Menschen fällt es normalerweise leichter, unser körperliches Wohlbefinden einzuschätzen, als unser seelisches. Schließlich lässt sich der Körper anfassen und lokalisieren, während die Seele nicht greifbar ist. Hier setzt der Bodyscan an, der sich aus folgenden Schritten zusammensetzt:

1. Innehalten und fokussieren

Atme einmal tief durch und konzentriere dich auf deinen Körper.

2. Durch den Körper wandern

Wandere mit deiner Aufmerksamkeit durch deinen Körper. Beginne bei der Kopfhaut, bewege dich über das Gesicht, den Hals, die Schultern, die Arme, den Brustkorb und den Bauch, den Rücken, das Gesäß, die Hüften und die Beine bis hinunter zu den Zehenspitzen. Verweile bei jedem Abschnitt des Körpers für ein bis drei Sekunden und spüre genau, wie er sich anfühlt.

3. Fazit ziehen

Ziehe am Schluss Bilanz: Welche Regionen deines Körpers haben sich besonders entspannt angefühlt? Welche sind eher angespannt oder gar verspannt? Wie würdest du dein körperliches Wohlbefinden auf einer Skala von eins bis zehn (1 = sehr unwohl; 10 = sehr wohl) einordnen?

––––––––––

Diese Übung stärkt deine Verbindung zu deinem Körper und schärft deine Wahrnehmung in Bezug auf körperliche Beschwerden.

Parallel zu den Achtsamkeitsübungen kannst du dich in radikaler Akzeptanz üben. Ehrlicherweise muss an dieser Stelle gesagt werden, dass das radikale Akzeptieren Anfänger oft an ihre Grenzen bringt. Es ist alles andere als einfach und muss daher nach und nach angegangen, optimiert und schließlich perfektioniert werden. Diese Übungen helfen dir dabei:

Das Wetter-Dilemma

"Wir müssen die Dinge, die in unserer Macht stehen, möglichst gut einrichten, alles andere aber so nehmen, wie es kommt." - Epiktet

Der Klassiker unter den Übungen zur radikalen Akzeptanz bezieht sich auf das Wetter. Warum? Ganz einfach: Es leuchtet jedem ein, dass er keinerlei Einfluss auf die Witterungsverhältnisse hat. Wenn es regnet, regnet es. Wenn die Sonne scheint, scheint die Sonne. Wenn Schnee fällt, fällt Schnee. Egal, was du tust - das Wetter wird dasselbe bleiben. Ganz ohne dich im Erkennen deines Einflusses (Kapitel 13) geübt zu haben, kannst du ohne weiteres begreifen, dass sich das Wetter deiner Kontrolle entzieht. Klar, du kannst dich trotzdem darüber aufregen. Es ändert nur nichts. Vernünftig ist es daher, die Witterung radikal zu akzeptieren. Radikale Akzeptanz bedeutet, etwas ohne wenn und aber anzunehmen, abzuhaken und nicht mehr weiter darüber nachzudenken. Es gilt, die Dinge so anzunehmen, wie sie sind, ohne ihnen unnötig viel Macht zu verleihen, sie zu bewerten oder vergebens zu versuchen, sie wider besseren Wissens zu beeinflussen. Wir Deutschen meckern besonders gerne über das Wetter. Im Winter sind die Straßen zu verschneit, auf den Pisten liegt aber zu wenig Schnee. Im Sommer ist es ätzend heiß, am Abend kühlt es aber gerade dann ab, wenn man es sich ohne Jacke auf der Terrasse bequem gemacht hat. Wenn es regnet, trübt das Mistwetter die Stimmung, wenn es nicht regnet, muss man die Blumen im Garten von Hand gießen. Kurzum: Man kann es uns eigentlich nicht recht machen. Wie gut, dass das Wetter das gar nicht erst versucht. Es ist weder gegen dich, noch auf deiner Seite. Es ist einfach, ganz ohne eine Absicht zu verfolgen. Aus diesem Grund ist es das perfekte Übungsobjekt für die radikale Akzeptanz. Bemühe dich, das Wetter an jedem Tag so anzunehmen, wie es eben ist. Ändere deine Pläne, ohne wütend zu werden, spanne deinen Schirm auf und ziehe Gummistiefel an, ohne der Sonne nachzutrauern, und schippe den Gehweg gleichmütig frei, wenn ausnahmsweise einmal Schnee fällt. Erst wenn du das Wetter zu 100 % radikal akzeptieren kannst, bist du bereit, komplexere Geschehnisse ins Visier zu nehmen.

Klein übt sich

Die Bahn verspätet sich, dein Kollege grüßt dich nicht, der Aufzug lässt auf sich warten, deine Sekretärin hat einen deiner Termine doppelt gebucht, im Pausenraum gibt es keinen frischen Kaffee mehr und bei dem wichtigen Meeting verspätet sich die Hälfte der Belegschaft. Das alles sind Dinge, über die du dich aufregen könntest. Aber würde das etwas ändern? Nein. Also verzichte bewusst auf den Ärger. Solche Kleinigkeiten eignen sich optimal, um dir mehr radikale Akzeptanz anzugewöhnen.

Akzeptieren mit Autosuggestionen

"Der Geist ist der Herr über sein Schicksal: Er kann sowohl Ursache seines Glücks als auch seines Unglücks sein."
- Seneca

Autosuggestionen sind ein Werkzeug, das dir das radikale Akzeptieren erleichtern kann. Wirken können sie aber nur, wenn sie häufig gebraucht werden. Daher bietet es sich an, ein Ritual daraus zu formen. Sage dir jeden Morgen nach dem Aufstehen und jeden Abend vor dem Zubettgehen die folgenden Sätze:

▸ Ich nehme [Situation X] als gegeben an

▸ Meine Zufriedenheit ist unabhängig von [Situation X]

Um die Aussagen zu verdeutlichen, kannst du sie auch aufschreiben und laut vorlesen. Selbstverständlich kannst du eigene Autosuggestionen formulieren. Dabei solltest du darauf achten, keine Negationen zu verwenden. Das menschliche Gehirn verschluckt das kleine Wörtchen "nicht" nämlich gern. Sage also zum Beispiel "Ich bewahre meine Zufriedenheit" anstatt "Meine Zufriedenheit hängt nicht davon ab."

Kapitel 11: Stress erkennen, bewältigen und reduzieren

 Unter Stress verstehen wir eine erhöhte physische oder psychische Belastung, die oft als Anspannung wahrgenommen wird und sich langfristig negativ auf den Gesundheitszustand sowie sehr direkt auf das momentane Wohlbefinden auswirken kann. Geübte Stoiker sind in der Lage, unnötigen Stress zu vermeiden und optimal mit unvermeidbarem Stress umzugehen. Auf diese Weise schaffen sie es, ihre Zufriedenheit möglichst wenig vom Stress beeinträchtigen zu lassen. In diesem Kapitel lernst du, Stressoren zu erkennen, richtig einzuordnen und abzuschwächen.

Häufige Stressoren - Wodurch wird Stress oft ausgelöst?

Zunächst sehen wir uns an, welche Einflüsse, Situationen und Gegebenheiten bei besonders vielen Menschen Stress auslösen. Die nachfolgend benannten Stressoren müssen dich persönlich nicht in Stress versetzen - sie stellen lediglich gängige Beispiele dar und sollen dir ein Bild davon vermitteln, in welchen Formen Stressoren existieren können.

Stressoren der **Vergangenheit**

Diese Art von Stressoren bezieht sich auf die Vergangenheit. Es handelt sich also um Dinge, die in der Vergangenheit stattgefunden haben, dich aber bis heute verfolgen und dich in Stress bringen. Typische Beispiele für solche Stressauslöser sind vergangene Ereignisse, für die man sich schämt oder die man bereut. Wird man - wie genau auch immer - an sie erinnert, führt die bloße Erinnerung zu realem, gegenwärtigem Stress.

Die meisten Stressoren beschert uns die Gegenwart. Folgendermaßen können sie aussehen:

I. Äußere Reize

Äußere Reize, wie zu helles Licht, zu hohe oder niedrige Temperaturen und zu laute Geräusche, können den Stresspegel erhöhen. Wenn du schon einmal das Vergnügen hattest, neben einer Baustelle zu arbeiten, ist dir sicher aufgefallen, dass es sich mit einem Presslufthammer als Geräuschkulisse kaum stressfrei arbeiten lässt. Immer dann, wenn du Reize über deine Sinne aufnimmst, die dein Gehirn als unangenehm einstuft, steigt dein Stresslevel.

II. Innere Empfindungen

Dasselbe gilt für innere Empfindungen. Wenn du hundemüde bist, großen Durst hast oder sehr hungrig bist, ist das ein Stressor, wie er im Buche steht. Das erklärt auch, warum wir Menschen tendenziell leichter reizbar sind und genervter reagieren, je hungriger oder müder wir sind. Auch Schmerzen, beispielsweise Halsschmerzen im Rahmen einer Erkältung oder seelische Schmerzen im Zuge einer Depression, können als Stressoren fungieren.

III. Überforderung

Sehr empfindlich reagieren viele Menschen bei Überforderung. Wenn sie das Gefühl haben, etwas, beispielsweise einen Arbeitsauftrag oder einen Berg an Aufgaben, nicht bewältigen zu können, fühlen sie sich überfordert und geraten automatisch in Stress.

IV. Zeit- und Leistungsdruck

Kommt zur Überforderung an sich noch ein Zeit- oder Leistungsdruck hinzu, schlägt das "Stress-Barometer" Alarm. Und auch im Alleingang können ein zu knapper Zeitplan oder eine leistungsgeprägte Atmosphäre Stress verursachen.

V. Konfliktsituationen

Egal ob im Büro, Zuhause mit dem Partner, unter Freunden oder im Kreise der ganzen Familie: An Konfliktsituationen mangelt es in der Regel nicht und auch sie sorgen dafür, dass Stress entsteht.

VI. Perfektionismus und hohe Ansprüche

Wer hohe Ansprüche an sich selbst stellt, immer alles in absolut makelloser Perfektion erledigen möchte, eigene Fehler kaum verzeihen kann und sich selbst und seine Leistungen extrem kritisch bewertet, muss fast schon zwangsweise ständig in Stress geraten. Schließlich ist es unmöglich, immer und bei allem großartig zu sein - und das erwartet in der Regel auch keiner, außer eben man selbst.

Stressoren der **Zukunft**

Stressoren können sich zudem auf die Zukunft beziehen. Dann lösen mögliche zukünftige Ereignisse den Stress aus. In der Regel sind diese Stressoren stark mit den Emotionen Angst und Sorge verwebt. Ein paar Beispiele zur Veranschaulichung:

I. Angst vor einer anstehenden Prüfung / Versagensängste

Auch wenn die Prüfung erst in einigen Tagen ansteht, bereitet sie einem schon gegenwärtig Stress. Und das nicht nur, weil viel gelernt werden muss. Man hat Angst, zu versagen, Angst davor, nicht gut genug zu sein, und platzt dadurch schon fast vor Stress, obwohl man noch nicht einmal weiß, wie gut oder schlecht man abschneiden wird.

II. Verlustängste

Menschen mit ausgeprägter Verlustangst stehen ebenfalls ständig unter Stress. Sie leben in der konstanten Angst, dass der Mensch, den sie lieben, sie eines Tages verlassen könnte. Jedes kleinste mögliche Anzeichen darauf, tatsächlich verlassen zu werden, löst größten Stress aus.

III. Sorge um Angehörige

Ein geliebter Mensch ist schwer krank, der jüngste Sohn ist zum ersten Mal ohne Beifahrer auf der Straße unterwegs und die Tochter verkriecht sich seit Tagen in ihrem Zimmer. Solche Sorgen sind sowohl Stressoren der Gegenwart als auch der Zukunft. Gegenwärtig sorgt man sich um das aktuelle Wohlbefinden des Erkrankten und fragt sich in Sorge, ob der Sohn gut durch den Verkehr kommt und was die Tochter belasten könnte. Wirklich groß wird der Stress aber erst dann, wenn in die Zukunft gedacht wird - und zwar, wie es in Sorge so üblich ist, rabenschwarz. Der erkrankte Mensch stirbt bestimmt, der Sohn hat einen schrecklichen Unfall und die Tochter ist selbstmordgefährdet. Auch hier kann das "Stress-Barometer" nur noch panisch Alarm schlagen.

IV. Angst vor einem schwierigen Gespräch

Wer weiß, dass er am Abend ein schwieriges Gespräch wird führen müssen, macht sich nicht selten schon am frühen Morgen und den ganzen Tag hindurch Gedanken. Ein Beispiel: Du willst dich abends von deinem Partner trennen. Also malst du dir den ganzen Tag über Szenarien aus, wie das Gespräch wohl ablaufen wird. Wird er weinen? Wird er ausrasten und dich beschuldigen? Wird er dir eine richtige Szene machen, deine Klamotten aus dem Fenster werfen und gemeinsame Fotos im Kamin verbrennen? Du weißt es nicht, aber du stehst unter großem Stress. Womit wir direkt einen weiteren gängigen Stressor, die Ungewissheit, abgedeckt haben. Wir Menschen fühlen uns sicherer, je mehr wir wissen. Fehlt uns wichtiges Wissen, geraten wir in Stress.

V. Sorge vor einer Veranstaltung

Auch bevorstehende Veranstaltungen können Stressoren sein. Ein Beispiel: Deine Schwiegermutter hat morgen Geburtstag, du weißt, dass sie dich nicht leiden kann, dass Onkel Werner mal wieder stundenlang nur von sich sprechen und Tante Heidi schon vor dem Essen betrunken sein wird. Vermutlich werden dir auch noch unangenehme Fragen in Bezug auf deine Karriere und darüber, wann Schwiegermutti endlich ein Enkelchen bekommt, gestellt und du wirst wieder einmal dasitzen und nicht wissen, was du sagen sollst. Bis dir Tante Heidi beschwipst einen unangebracht langen und sanften Klaps auf den Po gibt, und du ausnahmsweise genau weißt, was du sagen sollst - nämlich nichts. Kurzum: Du hast nicht die geringste Lust dort aufzutauchen, kommst aber keinesfalls darum herum. Die bevorstehende Veranstaltung liegt dir den ganzen Tag im Magen und sorgt dafür, dass du schon vor der Party nur noch gestresst bist.

Stressoren identifizieren

Stressoren sind etwas sehr Individuelles. Was den einen augenblicklich in Stress versetzt, kann den anderen ziemlich kalt lassen. Deshalb ist es wichtig, dass du deine persönlichen Stressoren identifizierst. Finde heraus, was deinen Stress auslöst, indem du dich und deinen Stresspegel zehn Tage lang intensiv beobachtest. Für die Dokumentation kannst du die nachfolgende Tabelle nutzen. Sobald du merkst, dass du gestresst bist, machst du dir Notizen zur Uhrzeit, der aktuellen Situation und deinem Stresspegel (1 = leicht gestresst, 5 = mittelmäßig stark gestresst, 10 = extrem gestresst). Dann versuchst du, den Stressor durch die Betrachtung der Situation zu identifizieren. In der ersten Zeile findest du ein Beispiel, an dem du dich orientieren kannst.

T A G	Uhr zeit	Situation	Stres-spegel	Stressor
X	10:30	Bei der Arbeit, Baustellenlärm vor dem Fenster, hungrig.	9	Lärm, Hunger
1				
2				
3				
4				
5				
6				
7				
8				
9				
10				

Wenn du die Tabelle vollständig und über die ganzen zehn Tage hinweg ausgefüllt hast, kannst du daraus die Antworten auf drei wichtige Fragen ableiten:

(1) *Welche Stressoren treten häufig auf?*

(2) *Welche Stressoren erhöhen deinen Stresspegel besonders stark?*

(3) *Gibt es eine Tageszeit, zu der du besonders oft gestresst bist?*

Nutze das nachfolgende Formular, um diese Informationen festzuhalten:

Meine Top 5 Stressoren & mein Stresspegel:

(1) _____ verursacht Stress in Höhe von _____.

(2) _____ verursacht Stress in Höhe von _____.

(3) _____ verursacht Stress in Höhe von _____.

(4) _____ verursacht Stress in Höhe von _____.

(5) _____ verursacht Stress in Höhe von _____.

Ich neige vermehrt zu Stress am...

	Uhrzeit	
Morgens/ Vormittags		
Mittags/ Nachmittags		
Abends		

Stressoren kategorisieren

Im nächsten Schritt gilt es, die Stressoren in vermeidbare und unvermeidbare zu unterteilen. Nehmen wir an, deine fünf Stressoren wären:

1. Larm (durch eine Baustelle bei der Arbeit)

2. Hunger (zwischen Frühstück und Mittagspause)

3. Konflikte (mit einem Arbeitskollegen)

4. Sorgen (um die berufliche Zukunft deiner Tochter)

5. Leistungsdruck (aufgrund eines strengen, anspruchsvollen Chefs)

Betrachten wir sie einzeln:

▸ Der Lärm ist nicht vermeidbar, schließlich kann man die Baustelle nicht weghexen.

▸ Der Hunger ist vermeidbar, indem du dir einen Snack für zwischendurch einpackst.

▸ Die Konflikte sind eventuell vermeidbar, sofern ein klärendes Gespräch die Situation verbessern kann.

▸ Die Sorgen sind zum Teil vermeidbar, sofern eine gute und ehrliche Kommunikation möglich ist.

▸ Der Leistungsdruck ist nicht vermeidbar, weil der Chef nicht mit sich reden lässt.

Die Stressoren, die in die Kategorie "(eventuell/zum Teil) vermeidbar" fallen, machen es dir leicht. Du kannst sofort damit beginnen, mit entsprechenden Maßnahmen entgegenzuwirken. In unserem Beispiel müsstest du dafür Folgendes tun:

▸ Packe dir künftig einen Snack ein, um den Stressor Hunger ganz simpel auszuschalten.

▸ Versuche ein Gespräch mit dem Kollegen zu führen, mit dem Ziel, künftig konfliktärmer miteinander arbeiten zu können. Führt das Gespräch zum Ziel, hast du den Stressor ausgeschaltet. Andernfalls wandert er direkt in die Kategorie "unvermeidbar".

▸ Sprich deine Tochter auf deine Sorgen bezüglich ihrer beruflichen Zukunft an. Vielleicht kann sie dir die Antworten geben, die du brauchst. Ist das nicht der Fall, landet auch dieser Stressor zumindest vorerst bei "unvermeidbar".

Im Endeffekt hättest du auf diese Weise 20 % bis 60 % deiner Stressoren eliminiert.

Unvermeidbare Stressoren entmachten

Was bleibt, sind die unvermeidbaren Stressoren. Der Anschaulichkeit halber verbleiben wir auch hier bei unserem Beispiel und gehen davon aus, dass das Gespräch mit der Tochter gut gelaufen ist, während die Konfliktsituation mit dem Kollegen unverändert fortbesteht. Unsere unvermeidbaren Stressoren sind dann also:

▸ Der Lärm

▸ Die Konflikte mit dem Kollegen

▸ Der Leistungsdruck durch den Chef

Nun geht es darum, diese Stressoren zu entmachten, sie abzuschwächen und ihren Effekt auf deine Zufriedenheit zu mildern. So könntest du vorgehen:

Lärm

Gegen den Lärm gäbe es ein recht einfaches Mittel: Ohrenstöpsel. Diese dürften der Geräuschkulisse zumindest die Schärfe nehmen. Zeitgleich könntest du dich mit dem Gedanken beruhigen, dass die Baustelle irgendwann verschwunden sein wird.

Konflikt mit dem Kollegen

Etwas schwieriger gestaltet sich die Sache bei der Konfliktsituation mit dem Kollegen. Hier könntest du versuchen, den Konflikten weniger Bedeutung beizumessen. Ihr seid verschiedener Meinung? Na gut, dann ist das eben so. Eine Tatsache, die es radikal zu akzeptieren gilt. Zwischen euch stimmt die Chemie nicht, ihr kommt euch immer wieder in die Quere und tretet euch gegenseitig auf die Füße. Wenn du es aber schaffst, dies als gegeben anzunehmen, kannst du trotz täglicher Konflikte zufrieden sein. Die blöden Kommentare kannst du einfach an dir abprallen lassen, eine Gleichgültigkeit gegenüber dem entwickeln, wer von euch beiden als "Sieger" aus einer Auseinandersetzung herausgeht, und dich darüber freuen, dass du ihn nach Feierabend nicht mehr sehen musst.

Leistungsdruck durch den Chef

Wenn du deinen jetzigen Arbeitsplatz behalten möchtest, kein Jobwechsel infrage kommt und der Chef nicht mit sich reden lässt, bleibt dir nur eine Option: Du musst den Leistungsdruck möglichst stressfrei bewältigen können. Auch hierbei können dir zum Beispiel wieder Autosuggestionen helfen:

- ✓ Meine Leistungen sind zufriedenstellend

- ✓ Ich kann mit Druck umgehen

- ✓ Ich leiste gute Arbeit

✓ Ich bleibe trotz [Chef X] gelassen

✓ Ich kann meine Arbeit in Ruhe erledigen

✓ Unabhängig von meiner beruflichen Leistung bin ich wertvoll

Das Muster, das wir eben durchlaufen haben, kannst du auf jeden beliebigen Stressor anwenden. Probiere es am besten gleich selbst aus!

Worst-Case-Bewältigung - Stress aus Sorge und Angst effektiv abbauen

In Bezug auf die Stressoren der Zukunft, also auf Ängste und Sorgen, die sich auf zukünftige Ereignisse beziehen, hat sich eine Technik der Stoiker besonders bewährt: Die Worst-Case-Bewältigung. Dabei geht es darum, einmal komplett in die jeweilige Angst oder Sorge einzutauchen und sich das schlimmstmögliche Endresultat vorzustellen. Zur Veranschaulichung ziehen wir wieder das bekannte Beispiel der Sorge um die berufliche Zukunft der Tochter heran und gehen weiter ins Detail.

Die Situation

Deine Tochter ist 18 Jahre alt, hat kürzlich ihr Abitur bestanden und verbringt ihre Zeit seitdem damit, tagsüber auf dem Sofa rumzulungern und nachts die Partyszene aufzumischen. Als Elternteil findest du, dass es für deine Tochter an der Zeit wäre, sich Gedanken über ihre Berufswahl zu machen, sich vielleicht für einen Studiengang zu entscheiden oder eine Ausbildung zu beginnen. Du machst dir Sorgen, dass deine Tochter nicht weiß, was sie tun will oder einfach kein Interesse daran hat, ihre beruflichen Ziele in Angriff zu nehmen.

Das Worst-Case-Szenario

Nun stellst du dir vor, was das absolut Furchtbarste wäre, das passieren könnte. Deine Tochter könnte auf Partys an Drogen geraten, vollkommen den Anschluss verlieren und sich mit Ende zwanzig mit Aushilfsjobs über Wasser halten müssen. Was würde das für dich bedeuten? Einige Vorschläge:

▸ Du hättest das Gefühl, als Elternteil versagt zu haben

▸ Du müsstest deine Tochter finanziell unterstützen

▸ Du hättest ein schlechtes Gewissen, weil du ihr die Partys nicht verboten hast

Wie schlimm wäre das? Und könntest du damit fertig werden? Ist es vielleicht sogar möglich, dass du trotzdem zufrieden sein könntest? Deine Aufgabe ist es jetzt, an einen Punkt zu kommen, an dem du die letzten beiden Fragen mit "ja" beantworten kannst. Das ist ein Prozess, unter Umständen sogar ein recht langwieriger. Folgendermaßen könntest du vorgehen:

➡ 1. Analyse

Was genau würde dich an diesem Worst-Case-Szenario stören? Und warum bedeutet dir das Entsprechende so viel? Wenn du die Antworten auf diese Fragen kennst, kannst du sie auf ihre Stichhaltigkeit überprüfen, wobei du andere Perspektiven, zum Beispiel die eines Außenstehenden oder die deiner Tochter, einnimmst. Du könntest zu folgenden Schlüssen kommen:

✓ Meine Tochter ist erwachsen und trägt die Verantwortung für ihr Leben selbst.

✓ Ich habe mein Bestes gegeben und muss nicht enttäuscht über den Verlauf des Lebens meiner Tochter sein.

✓ Ich liebe meine Tochter, ganz egal, welche beruflichen Ziele sie verfolgt oder erreicht.

✓ Ich habe meiner Tochter viel beigebracht und meinen Job als Mutter erfüllt.

✓ Ich werde meiner Tochter beistehen, ganz egal, wie sie ihr Leben lebt.

➡ 2. Visualisierung

Im zweiten Schritt setzt du die Technik der Visualisierung ein, um dir vor Augen zu halten, dass du selbst im Worst-Case-Szenario zufrieden sein kannst. Stelle dir das Szenario bildlich vor. Wähle hierfür ein aussagekräftiges Bild, beispielsweise wie deine Tochter in deinen Armen um ihre verpassten Chancen weint. Und dann freunde dich mit diesem Bild an. Präge es dir ein und versuche, das Positive daran zu sehen. In diesem Fall wäre das zum Beispiel die Tatsache, dass deine Tochter dir so sehr vertraut, dass sie sich bei dir ausweint. Nimm dem Worst-Case-Szenario seine Tragik und füge nach und nach immer mehr positive Aspekte hinzu.

➡ 3. Zurück zur Realität

Schließlich erinnerst du dich daran, dass das Worst-Case-Szenario nicht deiner aktuellen Realität entspricht. Du hast eine Tochter, die gern feiert und wenig über ihre berufliche Zukunft nachdenkt. Das bedeutet aber nicht, dass sie als drogensüchtige Aushilfsjobberin enden wird. An diesem Punkt angelangt, dürfte dich deine Sorge um deine Tochter weit weniger belasten und es müsste dir sehr viel leichter fallen, dich nicht davon stressen zu lassen.

Kapitel 12: Anpassungsfähigkeit - An neue Lebensumstände anpassen

 Betrachtet man die Evolution und das Prinzip "survival of the fittest", wird schnell klar, dass der "Fittere" immer der ist, der sich am besten an die vorherrschenden Lebensbedingungen anpassen kann. Wäre die Erde heute vollständig mit Wasser bedeckt oder würden stark abweichende Temperaturen herrschen, wäre der Mensch höchstwahrscheinlich nicht hier. Ohne Kiemen und mit einer leicht beeinflussbaren Körpertemperatur, wären wir einfach nicht in der Lage, unter solchen Bedingungen zu überleben, und würden folgerichtig aussterben. Bei der Anpassungsfähigkeit, wie sie die Stoiker üben, geht es nicht direkt um das Überleben, sondern eher darum, möglichst gut und mit hoher Zufriedenheit durchs Leben zu kommen. Da sich die Lebensumstände ständig ändern, gelingt das nur dem, der sich an die jeweiligen Umstände anpassen kann. Wer eingefahren ist und nicht von seiner gewohnten Spur abweicht, bleibt auf der Strecke und hindert sich selbst daran, glücklich zu sein. Doch wie wird man anpassungsfähiger? Die Antwort: Schritt für Schritt.

Dein Lebensfluss: Den ständigen Wandel erkennen

Viele Menschen sind nicht gerade Fans von großen Veränderungen. Nicht umsonst gelten wir als echte Gewohnheitstiere - wir wissen gerne, was uns erwartet. Leider spielt das Leben da nicht mit. Ein Leben ohne Veränderung ist absolut unmöglich. Selbst wenn du vollkommen abgeschieden von dem Rest der Welt und unbehelligt von deren Geschehnissen leben würdest, wäre dein Leben von ständiger Veränderung geprägt. Denn du würdest immer noch altern, Tag für Tag. Dein Körper und dein Geist würden sich verändern. Deine Aufgabe als Stoiker "in spe" ist es also, die Veränderung der Welt, deiner persönlichen Lebensumstände und deiner selbst zu erkennen und zu akzeptieren. Und dabei die Gewissheit zu erlangen, dass das alles halb so tragisch ist. Um zu dieser Erkenntnis zu finden, kann es helfen, dein bisheriges Leben einmal gründlich im Rückspiegel zu betrachten. Du wirst sehen, dass du schon jede Menge Veränderungen gemeistert hast und dich daher nicht vor dieser essentiellen und unabdingbaren Eigenschaft des Lebens fürchten musst. Versuche, dein Leben als einen Fluss zu betrachten. Er bleibt nie stehen, er ändert nie seine Richtung, er fließt immer nur nach vorne. Dabei nimmt er einen Teil von jedem Abschnitt mit, lässt andere Teile zurück und fließt durch jede Wendung, in jede Mündung und durch Hoch- und Tiefstände. Eine einfache Übung soll dich dabei unterstützen, dich mit dem Fluss deines Lebens auseinanderzusetzen:

I. Den Lebensfluss zeichnen

Nimm Stift und Papier zur Hand und zeichne deinen Lebensfluss Stück für Stück. Die Quelle ist dabei deine Geburt. Wandere Schritt für Schritt durch den Lauf deines Lebens und notiere wichtige Veränderungen im Verlauf des Flusses. Beispiele hierfür sind deine Einschulung, der Verlust von Freunden, der Einstieg ins Berufsleben, der Tod von geliebten Menschen oder Haustieren, das Finden oder Verlieren eines bestimmten Glaubens, das Kennenlernen eines wunderbaren Menschen und die Geburt eines Kindes. Jede Veränderung, an die du dich erinnerst, findet Platz in deinem Fluss, der chronologisch vorwärtsschreitet.

II. Veränderungen analysieren

Im zweiten Schritt betrachtest du jede einzelne Veränderung genauer. Beantworte dabei jeweils diese Fragen:

- ✓ Was genau hat sich verändert?

- ✓ Warum hat es sich verändert?

- ✓ Wie hast du auf die Veränderung reagiert?

- ✓ Inwiefern beeinflusst dich die damalige Veränderung noch heute?

Du wirst vermutlich feststellen, dass manche Veränderungen für dich zum Positiven geführt haben, während du andere eher nachteilig wahrnimmst.

III. Besinnen auf den Logos

Halte dir nun vor Augen, dass all diese Veränderungen vom Logos vorbestimmt waren. Was dir negativ erscheint, ist für das Gesamtwohl positiv. Jede dieser Veränderungen hat dich dorthin geführt, wo du heute bist, und zu der Person gemacht, die du in diesem Augenblick verkörperst.

IV. Blick in die Zukunft

In Anbetracht all der Veränderungen, die du bisher durchgemacht hast, ist es sehr wahrscheinlich, dass das Leben noch viele weitere Veränderungen für dich bereithalten wird. Von deiner Geburt, deinen Kindergarten- und Schultagen über dein junges Erwachsenenleben bis zu dem Punkt, an dem du heute stehst, hat sich eine ganze Menge verändert. Du kannst nicht wissen, wie die nächsten fünf, zehn oder zwanzig Jahre für dich aussehen werden. Du kannst dir dabei aber sicher sein, dass dein Lebensfluss nicht komplett willkürlich verläuft, sondern, genau wie du, vom Logos durchströmt ist.

Abschied nehmen und willkommen heißen

Die meisten Veränderungen zeichnen sich dadurch aus, dass etwas vergeht und etwas Neues kommt. Einige Beispiele zur Verdeutlichung:

‣ Trennung

Das gemeinsame Leben mit dem Partner ist vorbei, das Singledasein kommt und bringt, nach der Phase des Liebeskummers, die Option auf das Finden einer neuen Liebe mit sich.

‣ Schulabschluss

Der routinierte Tages- und Lebensablauf, den die Schule Jahr für Jahr vorgegeben hat, existiert nicht mehr. Dafür geht man direkt zu einer Lebensphase über, in der man selbst entscheiden kann - und muss - was man mit seinem Tag und seinem Leben anfangen möchte.

‣ Tod eines Haustiers

Der geliebte Hund ist verstorben und es beginnt eine Zeit, in der kurzfristig tiefe Trauer, langfristig aber neue Optionen vorherrschen. Man kann ein neues Haustier in sein Leben einladen oder mit genügend Abstand feststellen, dass das Leben als Nicht-Hundebesitzer auch seine Vorteile hat.

‣ Geburt des ersten Kindes

Kommt ein Kind zur Welt, beendet es für seine Eltern die Zeit, in der sie als kinderloses Paar überwiegend an sich selbst denken und ihr Leben nach ihren Wünschen gestalten konnten. Es beginnt das Leben als Eltern, in dem das Kind oberste Priorität hat, seinen Eltern so manch schwierige Nacht beschert, aber auch immer wieder ein Lächeln auf die Lippen zaubert, das möglicherweise breiter ist, als sie es sich je hätten vorstellen können.

‣ Verlust des Jobs

Mit der Kündigung endet die Zeit, in der man jeden Tag eine bestimmte Arbeit in Gesellschaft der dort ansässigen Kollegen und unter dem jeweiligen Chef getätigt hat. Auch die zuverlässig eintreffenden Gehaltschecks von diesem Unternehmen gehören der Vergangenheit an. Was kommt ist möglicherweise eine Zeit der finanziellen Sorge, aber auch der Neuorientierung, die die Möglichkeit mit sich bringt, eine bessere Arbeitsstelle zu finden oder den Beruf zu wechseln und sich in einem neuen Job selbstverwirklichen zu können.

Im Kern geht es bei jeder Veränderung also darum, Abschied von der alten Lebenssituation zu nehmen und die neue, veränderte Lebenssituation willkommen zu heißen. Letzteres kann erst passieren, wenn das Erstgenannte geschafft ist.

Das **Abschied**nehmen

Es gibt unzählige Arten, auf die man Abschied nehmen kann. Und das ist auch gut so. Schließlich ist jeder Mensch ein Individuum und muss seinen eigenen Weg durch die Abschiednahme finden. Wie Abschied genommen wird, kommt auch ganz darauf an, was der Abschied für einen persönlich bedeutet. Manche Veränderungen haben wir freudig erwartet, andere treffen uns hart und stimmen uns traurig. Der Abschied muss demnach zur Situation passen. Wichtig ist nur, dass er stattfindet. Denn der Abschied ermöglicht es uns, das Alte loszulassen und das Neue willkommen heißen zu können. An dieser Stelle sehen wir uns drei Möglichkeiten der Abschiednahme an, die in verschiedenen Situationen angemessen sein können:

Bilanz ziehen

Geht es um eine Trennung, das Ende einer langjährigen Freundschaft oder den Verlust des Jobs, kann es helfen, Bilanz zu ziehen. Mache eine Liste mit den Dingen, die du an der alten Situation mochtest oder sogar geliebt hast, und mit denen, die dich gestört oder belastet haben. So hältst du dir sowohl das individuell Gute wie auch das Schlechte der beendeten Lebensphase vor Augen, kannst fair Abschied nehmen und diesem Abschied vielleicht sogar etwas Positives abgewinnen.

Symbolisches Feuer

Bei Situationen, in denen der Abschied nicht unbedingt schwer fällt, aber viel Wut und Enttäuschung im Spiel sind, bietet sich diese unterstützende Methode an. Schreibe den Namen des Partners, der dich zum Beispiel betrogen und verlassen hat, oder des Chefs, der deine Leistungen nicht zu schätzen wusste, in fetten Großbuchstaben auf ein Blatt Papier und zünde es an. Symbolisch beendest du so diese Lebensphase und schaffst es gleichzeitig, aufgestaute negative Gefühle loszuwerden, um möglichst schnell zu deiner Zufriedenheit zurückfinden zu können.

Das Band lösen

Gerade wenn Todesfälle oder einvernehmliche Trennungen die Veränderung herbeiführen, ist für gewöhnlich eine tiefe Trauer vorhanden, die den Abschied unendlich schwer macht. Eine Visualisierungstechnik kann helfen, etwas leichter Abschied nehmen zu können. Stelle dir vor, dass ein weiches Band dich und die jeweils andere Person verbindet. Es ist ein Band, das ihr beide mühsam in gemeinsamer Arbeit geknüpft habt. Stelle dir dann vor, wie du dieses Band durchschneidest (bei einer Trennung) oder es sich einfach auflöst (bei einem Todesfall). Verabschiede dich in Gedanken von deinem Gegenüber, drehe dich dann um und entferne dich im Geiste, ohne noch einmal zurückzublicken.

Das **Willkommen**heißen

Ist der Abschied überstanden, kann die neue Lebenssituation willkommen geheißen werden. Zwischen Abschied und Willkommenheißen sollte so wenig Zeit wie möglich, aber so viel Zeit wie nötig vergehen. Du kannst die neue Lebenssituation erst gebührend begrüßen, wenn der Abschied verkraftet ist. Ist es soweit, kannst du die folgenden Übungen ausprobieren:

Die Pro-Liste

Hinter der Übung verbirgt sich genau das, was ihr Name verrät. Es geht darum, eine reine Pro-Liste zu erstellen. Du schreibst ganz einfach alles auf, was du an deiner neuen Lebenssituation als positiv empfindest. So wird dir die Veränderung deutlich sympathischer. Die Liste eignet sich für fast alle verändernden Lebensereignisse, ausgenommen von Todesfällen.

....

Die Herausforderungs-Liste

Neue Lebensumstände bergen häufig auch neue Herausforderungen. Möchte man sich anpassen, müssen diese Herausforderungen gemeistert werden. Nehmen wir beispielhaft an, du wärst gekündigt worden. Welche Herausforderungen könnten dann bestehen?

- Familie, Freunden und Bekannten auf Nachfrage von der Kündigung erzählen

- Herausfinden, ob du den aktuellen Beruf nach wie vor ausüben möchtest

- Eventuell darüber nachdenken, welchen Beruf du stattdessen erlernen möchtest

- Finden einer neuen Arbeitsstelle

Nachdem du die konkreten Herausforderungen ausformuliert hast, betrachtest du sie einzeln und überlegst dir, wie du sie angehen möchtest. Wenn du konsequent vorangehst, findest du dich im Handumdrehen in deiner neuen Lebenssituation zurecht.

Kapitel 13: Dich selbst und deinen Einfluss einschätzen

 Dich selbst zu kennen, hat eine hohe Priorität. Vieles - zum Beispiel das Erkennen und Reduzieren von Stressoren sowie das Anpassen an die Lebensumstände - fällt leichter, wenn man eine gute Kenntnis über den eigenen Charakter und die persönlichen Merkmale besitzt. In diesem Kapitel bist du daher dazu eingeladen, dich auf eine Reise zu dir selbst zu begeben.

7 Tipps: Persönliche Eigenschaften, Stärken und Schwächen erkennen

"Arbeite an deinem Inneren. Da ist die Quelle des Guten, eine unversiegbare Quelle, wenn du nur immer nachgräbst." - Marc Aurel

Es klingt abgedroschen, ist deshalb aber nicht weniger wahr: Jeder Mensch hat gewisse Stärken und Schwächen. Manche davon zeigen sich schon im Kindesalter, andere prägen sich im Laufe des Lebens aus. Natürlich lassen sich Stärken fördern und somit ausbauen. Genauso können viele Schwächen zumindest in begrenztem Rahmen ausgeglichen werden. Ob und inwiefern dies sinnvoll und wünschenswert ist, richtet sich ganz nach der individuellen Situation. Generell gilt aber: Schwächen sind nichts, wofür man sich schämen muss. Ausnahmslos jeder hat sie - ein Mensch ohne Schwächen ist auf diesem Planeten nicht zu finden. Wer seine Schwächen kennt, sie berücksichtigt und mit ihnen umzugehen weiß, hat aber einen entscheidenden Vorteil dem gegenüber, der seine Schwächen ignoriert, zu vertuschen versucht oder erst gar nicht erkennt. Und auch Stärken können nur von dem in vollem Umfang genutzt werden, der sich ihrer bewusst ist. Doch wie genau findet man eigentlich heraus, wo die eigenen Stärken und Schwächen liegen? Indem man sich selbst sehr genau beobachtet, wozu eine Portion Achtsamkeit nötig ist. Auf deinem Weg zur Selbsterkenntnis können dir zudem die folgenden praktischen Tipps helfen:

#1: *Brainstorming*

Nimm Stift und Papier zur Hand und veranstalte ein klassisches Brainstorming. Beginne dabei mit deinen Stärken. Sicher fallen dir auf Anhieb ein paar Dinge ein, in denen du dich positiv hervortust. Denke nicht zu lange über einen einzelnen Aspekt nach, sondern schreibe aus dem Bauch heraus drauflos. Gleichermaßen verfährst du mit den Schwächen. Zu Zwecken der Inspiration und um dir den Einstieg zu erleichtern, kannst du einen Blick auf diese Liste verschiedenster Kompetenzen und Eigenschaften werfen:

- ✓ Achtsamkeit

- ✓ Analytisches Denken

- ✓ Begeisterungsfähigkeit

- ✓ Belastbarkeit (physisch/psychisch)

- ✓ Bescheidenheit

- ✓ Diplomatie

- ✓ Durchsetzungsfähigkeit

- ✓ Einfallsreichtum

- ✓ Empathie

- ✓ Fantasie

- ✓ Fitness

- ✓ Handwerkliches Geschick

- ✓ Hilfsbereitschaft

- ✓ Humor

- ✓ Kommunikationsgabe

- ✓ Kompromissbereitschaft
- ✓ Kontaktfreudigkeit
- ✓ Kreativität
- ✓ Kritikfähigkeit
- ✓ Lernbereitschaft
- ✓ Lernfähigkeit
- ✓ Logisches Denken
- ✓ Mathematisches Verständnis
- ✓ Musikalisches Talent
- ✓ Organisationstalent
- ✓ Teamfähigkeit
- ✓ Toleranz
- ✓ Treue
- ✓ Verantwortungsbewusstsein
- ✓ Vertrauenswürdigkeit
- ✓ Weltoffenheit
- ✓ Zuverlässigkeit

#2: ALLES kann Stärke oder Schwäche sein

"Darin bin ich zwar ganz gut, aber das interessiert doch keinen/ist doch nicht wichtig" - diesen Gedankengang kannst du sofort streichen. Wortwörtlich alles kann eine Stärke oder Schwäche sein. Und ob du eine Eigenschaft oder Fähigkeit als Stärke oder Schwäche bewertest, hängt von dir und deiner Einstellung ab. Etwas universal als positiv oder negativ zu bezeichnen, ist schlicht und einfach nicht möglich. Genauso wenig, wie sich Gut und Schlecht oder Richtig und Falsch pauschal definieren lassen. Jeder Selbstmordattentäter ist überzeugt davon, etwas Gutes und Richtiges zu tun, auch wenn wir seine Taten verurteilen. Es kommt immer auf die Perspektive an. Ergo: Was du als Stärke erkennst, würde der ein oder andere als Schwäche sehen - und andersherum. Letztendlich ist deine Bewertung der jeweiligen Eigenschaft nicht wirklich ausschlaggebend. Wichtig ist, dass du sie wahrnimmst und verstehst, in welchem Maße du sie besitzt.

#3: Ehrlichkeit als A und O

Um deine persönlichen Eigenschaften zu erkennen, musst du einen sehr ehrlichen Blick auf dein Wesen und deine Fähigkeiten werfen. Es nützt nichts, dir in deiner Vorstellung eine Version deiner selbst zu schaffen, die in Wirklichkeit gar nicht existiert.

#4: Eigenschaften als wandelbar erkennen

Mache dir bewusst, dass die Eigenschaften, die deine Persönlichkeit prägen, genau wie alles im Kosmos wandelbar sind. Ein schüchternes Kind kann zu einem äußert extrovertierten Jugendlichen heranwachsen, ein unsportlicher Teenager kann als motivierter Erwachsener einen Marathon laufen und eine kindliche Frohnatur kann sich in grundsätzlichen Pessimismus verwandeln. Jede Eigenschaft entwickelt sich und wird dabei von deinem Zutun, den Erfahrungen, die du machst, und deinem Umgang mit den Dingen, die dir widerfahren, gelenkt.

#5: Nahestehende Personen einbeziehen

Wenn es um die persönlichen Eigenschaften geht, sind blinde Flecken nicht selten. Auch wenn du dich selbst immer besser kennst, als jeder Außenstehende es je können wird, kannst du manche deiner Merkmale vielleicht gar nicht sehen. Du bist einfach zu nah dran. Daher kann es Sinn ergeben, Freunde und Verwandte, die dir nahestehen, danach zu fragen, wie sie dich wahrnehmen. Folgende Fragen kannst du stellen:

▸ Wie würdest du mich in drei Worten beschreiben?

▸ Was schätzt du besonders an mir?

▸ Wo siehst du meine Schwachstellen?

#6: Keine Angst vor Talenten und Schwachstellen

Ein persönliches Talent zu erkennen hat nichts mit Arroganz zu tun. Gerade introvertierte Menschen mit labilem Selbstwertgefühl tun sich manchmal schwer, ihre eigenen Stärken zu benennen. Mache dir klar, dass du zu dem, was dich im positiven Sinne auszeichnet, stehen darfst und sollst. Andersherum solltest du auch keine Angst davor haben, dir deine Schwächen einzugestehen. Damit dir dies leichterfällt, kannst du das Wort "Schwäche" durch "Eigenschaft mit Entwicklungspotenzial" ersetzen.

#7: Annehmen, ausbauen oder ändern?

Es liegt an dir, welche deiner Eigenschaften du so nimmst, wie sie sind, und welche du änderst, förderst oder ausgleichen möchtest. Keiner kann dir sagen, wie du sein oder werden sollst. Im Kontext des Stoizismus gehören diese Eigenschaften allerdings zu denjenigen, die es sich zu pflegen und zu erweitern lohnt:

✓ Achtsamkeit

- ✓ Aufmerksamkeit

- ✓ Disziplin

- ✓ Eigenverantwortlichkeit

- ✓ Genügsamkeit

- ✓ Großmut

- ✓ Klugheit

- ✓ Kompromissbereitschaft

- ✓ Lernwilligkeit

- ✓ Motivation

- ✓ Optimismus

- ✓ Resilienz

- ✓ Scharfsinn

- ✓ Selbstbeherrschung

- ✓ Selbstfürsorge

- ✓ Überlegtheit

- ✓ Vernunft

Dagegen sind diese Eigenschaften eher hinderlich:

- ✓ Arroganz

- ✓ Ehrgeiz

- ✓ Empathie

- ✓ Gedankenlosigkeit

✓ Naivität

✓ Neid

✓ Pessimismus

✓ Stumpfsinn

Der große Unterschied: Was kannst du kontrollieren, was nicht?

„Du hast immer die Wahl, keine Meinung zu haben. Es ist nie angebracht, dich zu erzürnen oder deine Seele wegen irgendwelcher Dinge zu beunruhigen, die du nicht beeinflussen kannst. Diese Dinge bitten dich nicht darum, von dir beurteilt zu werden. Lasse sie in Ruhe." - Marc Aurel

Beim stoischen Leben geht es immer wieder um eine sehr zentrale Frage: Was kann ich beeinflussen und was entzieht sich meiner Kontrolle? Die Dinge, die du beeinflussen kannst, kannst du so lenken, dass sie deiner Zufriedenheit und Tugendhaftigkeit zuträglich sind. Alles andere musst du radikal akzeptieren. Gelingt dir das nicht, machst du dich nur unglücklicher, als du sein müsstest, und bemühst dich vergebens um etwas, das schlicht und einfach nicht in deiner Macht steht. Frage dich also stets: Habe ich Einfluss hierauf? Lautet die Antwort "nein", lohnt es sich nicht, dich gedanklich weiter mit der jeweiligen Angelegenheit aufzuhalten. Zum besseren Verständnis sehen wir uns nun einige situative Beispiele an.

Bestehende Einflussmöglichkeit

In diesen Fällen hast du die Möglichkeit, Einfluss auszuüben:

▸ Deine Wohnung ist unordentlich → Du kannst sie aufräumen

- Der Tank deines Autos ist leer → Du kannst ihn auffüllen

- Dir gefällt deine Frisur nicht → Du kannst sie ändern

- Du hast Hunger → Du kannst etwas essen

- Du möchtest Spanisch sprechen → Du kannst die Sprache erlernen

---

Keine Kontrolle

In anderen Fällen hast du keinerlei Möglichkeit, eine Veränderung herbeizuführen:

- Es regnet/ die Sonne scheint/ es schneit → Dem Wetter ist egal, was du tust

- Du stehst im Stau → Du kannst den Verkehr nicht beschleunigen

- Dein Hund verstirbt → Du kannst ihn nicht wiederbeleben

- Dein Kuchen ist verbrannt → Du kannst ihn im Nachhinein nicht weniger verbrannt machen

- Die Ölpreise steigen → Du kannst nichts dagegen tun

Es gibt auch Situationen, in denen sich die Sachlage nicht ganz so eindeutig gestaltet. Ein Beispiel: Du hast dich mit einer Freundin gestritten und sie möchte nichts mehr mit dir zu tun haben. Kannst du die Situation beeinflussen? Vielleicht. Du kannst ein Gespräch suchen, eine Wiedergutmachung in Angriff nehmen oder dich aufrichtig entschuldigen. Möchte deine Freundin aber nicht mit dir sprechen, ist nicht an einer Versöhnung interessiert oder lehnt deine Entschuldigung ab, liegt dies in ihrem Kontrollbereich. Sprich: Du kannst Versuche der Einflussnahme unternehmen, deren Erfolg hängt aber nur zum Teil von dir selbst ab. In solchen Fällen gilt es, abzuwägen und individuell zu entscheiden, inwiefern der Rahmen des eigenen Einflusses sinnvoll genutzt werden kann. Tendenziell würde der strenge Stoiker aber immer dafür plädieren, die nicht vollständig kontrollierbare Situation zu akzeptieren.

Kapitel 14: Begehren minimieren, Genügsamkeit maximieren

"Weise ist der Mensch, der Dingen nicht nachtrauert, die er nicht besitzt, sondern sich der Dinge erfreut, die er hat." - Epiktet

 Wir leben in einer Gesellschaft, die den Kapitalismus auf die Spitze getrieben hat. Und das kann nur funktionieren, wenn wir alle fleißig konsumieren. Noch während wir das neue Smartphone einrichten, arbeiten die Hersteller mit Hochdruck daran, dass wir möglichst zeitnah glauben, ein neueres, (vermeintlich) besseres Modell zu brauchen. Klamotten sind schneller "out", als man sie tragen kann, und so manches schnittiges Auto muss als teurer Ersatz für ein stabiles Selbstwertgefühl herhalten. Wir definieren uns zunehmend über das, was wir besitzen, anstatt über das, was wir sind. Das führt dazu, dass wir - ganz zur Freude der Konzerne - immer "mehr" wollen. Völlig unabhängig davon, wie viel wir haben, scheint es niemals genug zu sein. Wir haben zugelassen, Sklaven des Materiellen zu werden, und unsere Zufriedenheit gegen Besitztümer eingetauscht. Die trendigsten Kleidungsstücke, sündhaft kostspielige Urlaube, glänzender Schmuck und prunkvolle Häuser stopfen Löcher, derer wir uns nicht mehr bewusst sein wollen. Tatsache ist aber, dass kein materielles Gut der Welt für dauerhafte Zufriedenheit sorgen kann. Natürlich brauchen wir gewisse Dinge, um überleben zu können und ein grundlegendes Wohlbefinden zu erreichen: Ausreichend Nahrung, ein Dach über dem Kopf und Klamotten, die uns warmhalten. Sind aber die Grundbedürfnisse gedeckt, macht uns ein "Mehr" höchstens kurzzeitig glücklicher. Das "Mehr" besteht aus Bedürfnissen, die wir selbst schaffen. Stell dir vor, das Glas ist voll. Dann siehst du in der Werbung ein neues Smartphone und lässt zu, dass das Bedürfnis "neues Smartphone" bei dir geweckt wird. Es nimmt einen Schluck aus deinem Glas. Du kaufst das entsprechende Gerät und der Schluck wird aufgefüllt. Dein Glas ist wieder voll - aber nicht voller, als es zuvor schon war. Du hast es lediglich als leerer empfunden, weil dein Gefühl nach "mehr" verlangt hat. Mit jedem Begehren wird ein Schluck aus dem Glas genommen, mit jedem erfüllten Begehren wird das Glas wieder aufgefüllt. Ohne Begehren und dem Wunsch nach "mehr" würde sich das Glas aber gar nicht leeren und müsste entsprechend auch nicht aufgefüllt werden. Dein Ziel sollte es also sein, immun gegen das Begehren zu werden. Deine Belohnung ist ein volles Glas.

Schätze, was du hast

„Es ist mehr die Qualität als die Quantität, die zählt."
- Seneca

Unser Wunsch nach dem "Mehr" verdeckt oft das "Alles", das wir haben. Wir konzentrieren uns nur noch auf das, was wir wollen und demnach aktuell nicht haben, und blenden aus, was uns der Ist-Zustand bereits beschert. Im ersten Schritt auf dem Weg zur Genügsamkeit und zum Ende des scheinbar unendlichen Begehrens musst du also lernen, den Ist-Zustand zu schätzen. Letztendlich geht es dabei nicht nur um materielle Güter, sondern auch um menschliche Beziehungen und Zustände. Ein Beispiel: Du sehnst dich so sehr nach einer Liebesbeziehung, dass du deine guten Freunde vergisst. Du beschäftigst dich deutlich mehr mit dem, was fehlt, als mit dem, was vorhanden ist. Dies gilt es, umzukehren. Lenke den Fokus ganz gezielt auf das Bestehende. Mache dir dabei aber auch klar, dass ein Verlust des Bestehenden deine Zufriedenheit nicht beträchtlich sinken lassen würde - zumindest nicht zwangsläufig. Schätze das, was du hast, solange es da ist. Ist es weg, sollte es im Idealfall keine Bedeutung mehr für dich haben.

Höre auf, dich und dein Leben zu vergleichen

Wir alle kennen das: Zehn Minuten auf Instagram reichen aus, um von der Zufriedenheit mit dem eigenen Leben in eine Tiefe zu stürzen, in der das eigene Dasein plötzlich als absolut unzureichend erscheint. Das liegt daran, dass wir uns und unser Leben automatisch vergleichen. Und wir vergleichen mit unfairen Maßstäben. Schließlich ist das, was online präsentiert wird, in aller Regel nur das beste, vor-

zeigbarste Prozent von dem großen Ganzen. Wenn du dauerhaft zufrieden sein willst, kommst du nicht darum herum, dir das ständige
Vergleichen abzugewöhnen. Für dich ist es nicht von Relevanz, ob die
Person neben dir in der Bahn schlanker ist, der Insta-Influencer eine
Villa besitzt, in der ein halbes ländliches Dorf Platz finden würde,
oder der Promi im TV mit seinem Lächeln Eisberge zum Schmelzen
bringen kann. Das macht dich nicht weniger oder mehr wertvoll. Der
Wert jedes Menschen ist in seiner puren Existenz begründet und be-
dingungslos gegeben. Du musst dich nicht beweisen, dich nicht mit
anderen messen und nicht "besser" sein als eine beliebige Person. Es
wird immer jemanden geben, der im Auge der allgemeinen Gesellschaft hübscher, schlauer oder reicher ist. Du musst mit dir und deinem Leben zufrieden sein, daran führt kein Weg vorbei. Und das
funktioniert erst, wenn du dich unabhängig von den restlichen knapp
acht Milliarden menschlichen Erdenbürgern und deren Leben machst.

Verabschiede dich von Wünschen, Träumen und hohen Zielen

*„Wenn Sie aufgrund von etwas außerhalb Ihrer selbst be-
kümmert sind, liegt der Kummer nicht an der Sache selbst,
sondern an Ihrer diesbezüglichen Bewertung; und diese
können Sie jederzeit aufheben." - Marc Aurel*

Schon klar: Spätestens ab der ersten Klasse wurde dir eingetrichtert,
dass du Großes erreichen und hohe Ziele haben musst und dich nicht
mit "zu wenig" zufriedengeben darfst. Aber was wäre, wenn das gar
nicht stimmt? Was wäre, wenn du dein Leben vollkommen ehrgeizlos
führen würdest, nach nichts "Großem" streben würdest und per se mit
dem Ist-Zustand zufrieden wärst? Dann wärst du ein Stoiker. Natürlich entspricht diese Haltung in keinster Weise der Essenz unserer
Leistungsgesellschaft. Glücklicherweise bedeutet das aber nicht, dass
sie falsch ist oder zu weniger Zufriedenheit führt. Tatsächlich hast du
bessere Chancen auf Zufriedenheit, wenn du deine kühnsten Träume
aufgibst. "Träume nicht dein Leben, sondern vergiss deinen Traum
einfach" - ein Motto, das niemand als Wandtattoo anbietet, dich aber
vor Enttäuschungen bewahrt und dir erlaubt, schon jetzt zufrieden zu

sein. Nicht erst wenn du befördert wurdest, nicht wenn du 20 Kilo abgenommen hast, nicht wenn du die Liebe deines Lebens im Arm hältst - einfach jetzt.

Kapitel 15: Selbstbeherrschung - Erlange Kontrolle über dich & deine Emotionen

 Du weißt mittlerweile, dass stoisch zu leben nicht bedeutet, keine Emotionen zu haben. Es bedeutet, trotz vorhandener Emotionen vernünftig zu handeln. Sich nicht von seinen Gefühlen leiten zu lassen, sondern von der Vernunft. Tugendhaft zu bleiben, auch wenn die Gefühle lauthals schreiend nach etwas anderem verlangen. Das ist nicht leicht und lässt sich mit Sicherheit auch nicht in absolut jeder Situation umsetzen. Generell kann man aber sehr wohl lernen, sich weniger von seinen Gefühlen leiten und beeinflussen zu lassen. Wie das geht, erfährst du in diesem Kapitel.

Sinn und Zweck von Emotionen

Zunächst befassen wir uns ganz grundlegend mit Emotionen und damit, warum wir sie überhaupt empfinden. Nach heutigem Wissensstand haben Gefühle einen ganz klaren Zweck: Sie helfen uns dabei, zu überleben. In besonderem Maße gilt das für die Grundgefühle: Freude, Trauer, Angst, Wut und Ekel. Jedes menschliche Wesen auf der ganzen Welt kennt diese Gefühle. Doch wozu sind sie gut? Eine Erklärung in Kurzform:

Freude

Wenn du Freude empfindest, schüttet dein Körper Glückshormone aus. Diese sind als Bestätigung zu verstehen und zeigen dir, dass du offensichtlich etwas richtig gemacht hast.

Trauer

Das Gefühl der Trauer weist dich in aller Regel auf etwas hin, das verarbeitet werden will. Es folgt auf Geschehnisse, die dein Innerstes erschüttern und unter Umständen gravierende Auswirkungen auf dein weiteres Leben haben.

Angst

Die Angst ist ein Gefühl, ohne das die Menschheit mit ziemlicher Sicherheit schon längst ausgestorben wäre. Reisen wir zurück in die Zeit unserer frühen Vorfahren: Wenn der Jäger einem bedrohlichen Tier begegnete, war er gezwungen, zu kämpfen oder zu fliehen. Er bekam Angst. Diese Angst sorgt bis heute dafür, dass der Körper sämtliche verfügbaren Ressourcen abruft, die im Sinne des Überlebens eingesetzt werden können. Der Herzschlag beschleunigt sich, die Skelettmuskeln spannen sich an, die Energiereserven werden angezapft und alle "zweitrangigen" Bedürfnisse, zum Beispiel sexuelle Begierde und Harndrang, werden eigestellt. Das gibt uns die Möglichkeit, besonders schnell und effektiv zu handeln. Nur dank der Angst hat der Jäger die Chance, vor dem Angreifer zu fliehen oder ihn zu besiegen.

Wut

Die Wut deutet, ähnlich wie die Trauer, auf Missstände hin. Sie lässt nicht zu, dass wir Einflüsse, die sich negativ auf uns auswirken, unbemerkt hinnehmen, und motiviert uns ganz ursprünglich dazu, für das eigene Überleben einzustehen.

Ekel

Würdest du dich nicht ekeln, würde dich nichts davon abhalten, verdorbene Nahrung zu essen und damit dein Überleben zu gefährden. Der Ekel hält uns von schädlichen Einflüssen fern.

Noch heute äußern sich diese Gefühle nahezu genauso, wie sie es bei unseren Vorfahren taten. Auch wenn sie uns damit manchmal Steine in den Weg legen, müssen wir diese Tatsache akzeptieren. Das menschliche Leben ist nach wie vor untrennbar mit Emotionen verbunden und es vergeht kein Tag, an dem du keine Gefühle erlebst.

Gefühle kontrollieren - Geht das überhaupt?

Die große Frage lautet nun: Wie schaffen wir es, trotz der Emotionen vernünftig und nicht gefühlsgeleitet zu handeln? Im Stoizismus zeichnet genau das den Begriff der Selbstbeherrschung aus. Vorweg sei gesagt: Die Selbstbeherrschung lässt sich trainieren und verbessern. Sich aber in ausnahmslos jeder Situation - wie von den frühen Stoikern gepredigt - völlig unabhängig von seinen Gefühlen zu machen, ist utopisch. Wir dürfen nicht unterschätzen, wie stark der Einfluss der Emotionen sein kann. Als emotionale Wesen ist es uns Menschen nicht möglich, unsere Gefühle vollkommen zu ignorieren und uns von ihnen freizusagen. Das Ziel sollte daher nicht die 100%ige Kontrolle der Emotionen sein. Dies wäre ein unerreichbares Ziel. Wir sollten uns vielmehr vornehmen, uns in einem ersten Schritt intensiver mit unseren Gefühlen zu befassen, um sie dann besser einschätzen, abschwächen und ideal mit ihnen umgehen zu können.

5 Schritte für mehr Selbstbeherrschung

Emotionsgesteuerte Handlungen führen in aller Regel zur kurzfristigen Befriedigung, ergeben langfristig gesehen aber wenig Sinn oder sind sogar schädlich. Mit diesen fünf Schritten kannst du deine Selbstbeherrschung ganz gezielt verbessern:

#1: *Wieso, weshalb, warum*

Mache dir zunächst klar, warum du selbstbeherrschter werden möchtest. Formuliere deine Beweggründe aus und schreibe sie wenn möglich auf. So gewinnst du die nötige Motivation für dein Vorhaben.

#2: *Gefühlstagebuch*

Es klingt paradox, ist aber wahr: Wer selbstbeherrschter sein und unabhängiger von seinen Emotionen handeln möchte, muss sich zunächst ganz genau mit seinen Gefühlen auseinandersetzen. Ein Gefühlstagebuch macht dies möglich. Nachfolgend findest du eine Vorlage, die du gerne zur Dokumentation und Analyse deiner Emotionen verwenden kannst. Das Beispiel in der ersten Zeile dient zu deiner Orientierung.

Datum	Situation	Gefühl	Körperliche Reaktionen	Sonstige Auswirkungen des Gefühls	Handlung
10.03.20	Kurz vor der mündlichen Prüfung	Angst	Schwitzige Hände, Herzklopfen, leichte Übelkeit	Fassen klarer Gedanken ist schwierig	Tief durchatmen, auf das Wesentliche konzentrieren

#3: Ein Schritt zurück

Gewöhne dir an, immer dann, wenn du eine Emotion nicht nur beiläufig, sondern relativ präsent wahrnimmst, innezuhalten und mental einen Schritt zurück zu machen. Reagiere nicht sofort darauf, sondern nimm dir die Zeit, dir das Gefühl genau anzusehen. Wer direkt reagiert, handelt absolut gefühlsgesteuert, wer es schafft, darüber nachzudenken, handelt vernünftig.

#4: Die richtigen Fragen

Begutachte das Gefühl und stelle dir folgende Fragen:

▸ Welches Gefühl spüre ich?

▸ Wodurch wurde das Gefühl hervorgerufen?

▸ Welchen Einfluss hat das Gefühl auf meinen Körper und meinen Geist?

▸ Was würde ich tun, wenn ich dem Gefühl komplett nachgeben und mich davon lenken lassen würde?

▸ Welche Auswirkungen hätte das entsprechende Handeln?

▸ Gibt es vernünftigere Alternativen, die sich positiver auf meine langfristige Zufriedenheit auswirken?

#5: Alles geht vorbei

Wenn dich extrem starke Gefühle übermannen, bist du eventuell nicht mehr in der Lage dazu, präzise Fragen zu beantworten. Das ist in Ordnung. In dieser Situation kann dir ein bestimmter Gedanke helfen: Jedes Gefühl geht vorbei. Gefühle sind temporäre Erscheinungen, die früher oder später nachlassen und irgendwann ganz verschwunden sind. Bevor du - aus Unfähigkeit vernünftig zu handeln - also gefühlsgesteuert handelst, solltest du gar nicht handeln. Atme tief durch und warte ab, bis das jeweilige Gefühl abgeflacht ist.

Kapitel 16: Gelassenheit und innere Ruhe

 Achtsamkeit, radikale Akzeptanz, Stressreduktion, Anpassungsfähigkeit, das Kennen des eigenen Wesens und Einflusses, Genügsamkeit und Selbstbeherrschung tragen allesamt zu mehr Gelassenheit und innerer Ruhe bei. Zwei Eigenschaften, die mehr als alles andere mit dem Stoizismus in Verbindung gebracht werden. Beides kannst du zusätzlich fördern, indem du den Ratschlägen in diesem letzten Kapitel folgst.

Eigenverantwortung vs. Determinismus

"Wer dem unausweichlichen Schicksal sich in rechter Weise fügt, der gilt als weise uns und kennt der Götter Walten." - Epiktet

Die Stoa verbindet die Eigenverantwortung mit dem Determinismus und zeigt, dass sich diese beiden Begriffe nicht zwangsläufig ausschließen müssen. Ja, das Geschehen im Kosmos ist vom Logos durchdrungen und wird von ihm bestimmt. Es gibt keinen Zufall, der Lauf der Dinge ist vorherbestimmt. Trotzdem trägt jeder Mensch im kleinen Rahmen Verantwortung für sich selbst. Es gibt immer Entscheidungen, die frei getroffen werden können. Diese mögen sich nicht maßgeblich auf das Gesamtwohl auswirken, können aber durchaus großen Einfluss auf das einzelne Individuum haben. Die Kombination aus Eigenverantwortung und vorbestimmtem Werdegang des Kosmos darf dich beruhigen. Egal wie viele falsche Entscheidungen du triffst - du kannst das Gesamtwohl kaum damit gefährden. Und egal welchen Plan der Logos mit dir hat, bist du ihm nicht vollkommen ausgeliefert, sondern hast die Macht, eigene Entscheidungen zu treffen.

▸ Die Vogelperspektive

Je näher man dran ist, desto schwerer fällt es gelassen zu bleiben. Wann immer du daher in Stress gerätst und deine innere Ruhe schwinden spürst, solltest du in die Vogelperspektive wechseln. Stelle dir vor, du bist nicht du, sondern blickst von oben auf die aktuellen Geschehnisse herab. Das hilft in den meisten Fällen, zu erkennen, dass Dinge, denen wir eine enorme persönliche Bedeutung beimessen, eigentlich relativ unwichtig sind. Und diese Erkenntnis erlaubt uns, die jeweilige Situation weitaus gelassener zu handhaben. Ergänzend kann auch die "Worst-Case-Bewältigung" aus Kapitel 11 hilfreich sein.

▸ Meditation à la Stoa

Die meisten Menschen verbinden die Meditation ganz automatisch mit Ruhe und Entspannung. Bei der stoischen Meditation soll aber nicht nur entspannt, sondern auch nachgedacht werden. Und zwar auf ganz gelassene Weise, ohne Druck und ohne ein vorgegebenes Ziel. Leider lässt sich das Meditieren nicht auf die Schnelle erlernen. Wenn du also Ambitionen in dieser Hinsicht hegst, solltest du dich nach entsprechenden Kursen in deiner Nähe umsehen und dich zusätzlich ausgiebig einlesen. Eine vollständige Anleitung zum Meditieren auf verschiedene Arten würde den Rahmen dieses Buches sprengen, weshalb wir uns an dieser Stelle mit einem Short-Guide zum stoischen Meditieren begnügen.

➡ *Variante 1:* *Themenbestimmte Meditation*

Du bemerkst, dass dich ein Thema beschäftigt, das möglicherweise sogar dein vernünftiges Handeln bedroht? Dann ist die themenbestimmte Meditation das, was du brauchst. So gehst du dabei vor:

(1) Thema definieren

Überlege dir zunächst, worum es dir genau geht. Was beschäftigt dich? Auf welche Frage suchst du eine Antwort?

(2) Zur Ruhe kommen

Suche dir einen Ort, an dem du ungestört bist und zur Ruhe kommen kannst, und stelle einen Wecker auf 20 Minuten. Nimm eine bequeme sitzende oder liegende Haltung ein und schließe die Augen. Zähle von zehn rückwärts, bis du bei null angekommen bist.

(3) Nachdenken

Die Null ist dein Startsignal zum themenorientierten Nachdenken. Die nächsten zwanzig Minuten hältst du die Augen geschlossen und widmest dich vollkommen dem jeweiligen Thema. Spinne Gedankenstränge, teste verschiedene Antworten auf deine Fragen und bleibe dabei bei der Sache. Blende deinen Körper so gut es geht aus und befasse dich mit deinem Inneren. Lege den Fokus ganz auf deine Gedanken und erlebe, wie intensiv sich das Nachdenken anfühlen kann.

➡ **Variante 2:** Themenfindende Meditation

Du hast das Gefühl, dir über etwas klar werden zu müssen, weißt aber nicht genau, was es ist? Dann bietet sich die themenfindende Meditation an.

(1) Zur Ruhe kommen

Begib dich an einen Ort, an dem du ungestört bist, und nimm - genau wie bei der themenbestimmten Meditation - eine bequeme sitzende oder liegende Haltung ein. Stelle den Timer auf 20 Minuten. Lausche deinem Atem, fühle, wie dein Gewicht sich auf die Unterlage verteilt, und zähle von zehn rückwärts, bis du bei null angelangst.

(2) Gedanken schweifen lassen

Die Null eröffnet die Möglichkeit, an wirklich einschränkungslos alles zu denken. Oft ist der erste Gedanke, der dir durch den Kopf geht, bereits von Bedeutung. Versuche, deine Gedanken in keinster Weise zu beeinflussen, sondern einfach treiben zu lassen.

(3) Relevante Themen erkennen

Relevante Themen, über die sich ein genaueres Nachdenken lohnt, erkennst du in aller Regel ganz intuitiv. Halte keinen Gedanken fest - dein Geist wird bleiben, wo es nötig ist. Diese Form der stoischen Meditation unterstützt dich dabei, eine Rundreise durch deine Gedanken- und Gefühlswelt zu unternehmen und dich einmal an den Konturen deines Innersten entlang zu tasten. Wenn du auf Themen stößt, die ein intensives Nachdenken fordern, kannst du direkt zur themenbestimmten Meditation übergehen.

› Atemübungen - Allrounder für mehr Gelassenheit

Atemübungen bieten sich ideal an, um ganz unabhängig von der jeweiligen Situation kurzfristig zu mehr Ruhe und Gelassenheit zu finden. Nicht umsonst heißt es, wie man so schön sagt, "einmal tief durchatmen". Die folgenden Übungen kannst du so gut wie überall durchführen: In der Bahn, auf der Arbeit, beim Einkaufen, vor dem Einschlafen im Bett oder morgens beim Zeitunglesen. Sie bewirken keine Wunder, helfen dir aber zuverlässig dabei, ruhiger zu werden und im jeweiligen Moment etwas mehr Gelassenheit walten zu lassen.

➡ **Achtsames Atmen**

Wenn du dich bereits in Achtsamkeit geübt hast, dürfte diese Atemübung ein Leichtes für dich sein. Es geht darum, dich vollkommen auf deine Atmung zu fokussieren und den Rest der Welt für einen Moment zu vergessen. Die Übung kann dir zum Beispiel helfen, in schwierigen Situationen etwas Abstand zu gewinnen, und dich davor bewahren, übereilt und emotionsgeladen zu handeln. Du kannst sie mit geöffneten oder geschlossenen Augen durchführen. Versuche nicht, deinen Atem in irgendeiner Weise zu beeinflussen, sondern lasse ihn ganz natürlich fließen. Konzentriere dich nun darauf, wie die Luft durch deine Nase in deinen Körper strömt. Spüre, wie sich deine Brust weitet, wenn sich die Luft in deinen Lungen ausbreitet. Fühle ganz genau, wie die Luft deinen Körper wieder verlässt und durch Nase oder Mund aus dir herausströmt. Deine ganze Achtsamkeit gilt der Wahrnehmung deines Atems. Nur das ist es, was in diesem Moment zählt.

➡ Atemzüge zählen

Der Titel dieser Übung verrät bereits, wie sie funktioniert. Du machst nichts anderes, als deine Atemzüge zu zählen. Einatmen, ausatmen, 1 - einatmen, ausatmen, 2 - einatmen, ausatmen, 3. Deine Konzentration bleibt bei deiner Atmung und den Zahlen. Auch hier übst du keinen direkten Einfluss auf deine Atmung aus, sondern lässt sie einfach und ganz natürlich geschehen. Das Zählen der Atemzüge hat sich als simple Einschlafhilfe bewährt - quasi als Äquivalent zum Schäfchenzählen. Aber auch in Stresssituationen kann die Atemtechnik für die nötige Distanz sorgen. Zähle hierfür mindestens zwanzig Atemzüge bevor du handelst.

➡ Stoßatmung bei akutem Stress oder Panik

Es gibt Momente, in denen Stress und Angst zu nackter Panik werden. So erleben es beispielsweise Menschen mit starker Prüfungsangst kurz bevor sie den Prüfungsraum betreten. Dann kann die gezielte Stoßatmung weiterhelfen. Atme ein und zähle dabei bis vier. Halte den Atem kurz an und atme dann in fünf bis sechs Stößen zu je einer Sekunde aus. Wiederhole den Vorgang mindestens drei Mal.

➡ Nervosität abbauen mit stufenweisem Einatmen

Bei leichterer Nervosität bietet sich das stufenweise Einatmen an. Atme eine Sekunde ein, halte den Atem für eine Sekunde an, atme wieder eine Sekunde lang ein, stoppe abermals für eine Sekunde und fahre fort, bis du bei fünf Sekunden Einatmen und fünf Stopps angelangt bist. Atme dann sieben Sekunden lang fließend und ohne Stopp aus. Auch diesen Vorgang solltest du mindestens dreimalig durchlaufen.

➡ Die tiefe Bauchatmung für Instant-Ruhe

Das absolute Multitalent unter den Atemübungen ist die tiefe Bauch-
atmung nach dem 4-5-8-Prinzip. Lege hierfür eine Hand auf deinen
Bauch. Atme nun ein und zähle dabei bis vier. Lenke deinen Atem
gezielt in den Bauch und spüre, wie sich deine Bauchdecke wölbt.
Halte den Atem an, während du bis fünf zählst, und atme dann acht
Sekunden lang aus. Du wirst feststellen, dass du schon nach dem ersten Durchgang ruhiger wirst.

Schlusswort

Integriere jetzt die Lehren und Tugenden der Stoa in dein Leben und führe ein sorgenloseres, zufriedeneres und glücklicheres Leben. Du wirst schon nach kurzer Zeit zahlreiche Unterschiede feststellen - du wirst unter anderem selbstbewusster, disziplinierter und gelassener werden. Selbst wenn du nur einige Dinge in dein Leben integrierst, wirst du spüren welche Vorteile sich dadurch für dich ergeben.

Wenn dir dieses Buch gefallen und geholfen hat, dann würde ich mich sehr über dein Feedback freuen. So kannst du anderen Menschen ebenfalls dabei helfen, dass sie den Stoizismus für sich entdecken.

Gehe dazu auf

www.amazon.de/ryp

und hinterlasse eine Rezension - du kannst das in 2 Minuten erledigen und hilfst mir und anderen zukünftigen Stoikern dadurch enorm weiter.

Viel Spaß und viel Erfolg

Johannes Lichtenberg

Erfolgreich durch
NLP

- Johannes Lichtenberg -

Konfliktfrei durch
Gewaltfreie Kommuni-
kation

- Johannes Lichtenberg -

Die Macht der
Emotionalen Intelligenz

- Johannes Lichtenberg -

AUSGEGRÜBELT!
Grübeln stoppen in der
Praxis

- Paula Weinbach -

Die Klartraum Methode

- Paula Weinbach -

EINSERKANDIDAT -
Stressfrei zur Bestnote

- Frederik Holm -

Endlich schlank!
Intervallfasten für
Frauen

- Pauline Höppner -

Lust auf mehr?

Dir sind noch einige Dinge unklar?
Bei dir sind nach dem Lesen Fragen aufgekommen?
Du hast Anregungen und Feedback?
Oder du möchtest immer auf dem Laufenden bleiben, wenn neue Bücher
der Autoren von KR Publishing auf den Markt kommen?

Dann schreibe uns gerne eine Email an:
kontakt@KRpublishing.de

Wir freuen uns über jegliches Interesse!

Impressum

Herausgeber:

KR Publishing UG (haftungsbeschränkt)
Mundsburger Damm 26
22087 Hamburg
Deutschland

Printed in Poland
by Amazon Fulfillment
Poland Sp. z o.o., Wrocław

58822719R00069